PORSCHE 356

Les racines de l'aventure

1948-1965

HEIMDAL

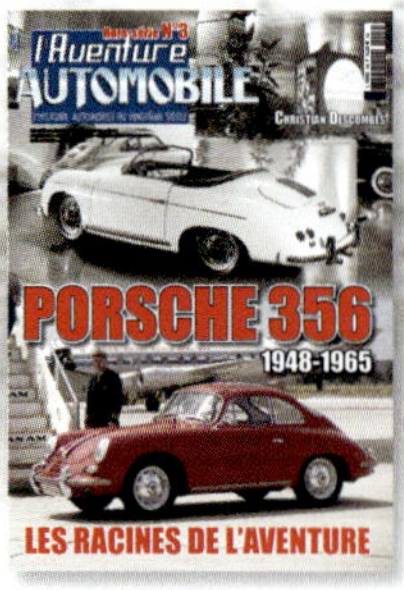

Cet ouvrage a déjà été publié sous la forme du premier numéro hors-série de la revue l'Aventure Automobile en mai 2019 pour le compte des *Éditions Heimdal*.

Le texte est de Christian Descombes.
Conception, maquette et mise en pages de Nathalie Sanchez.
Couverture de Nathalie Sanchez pour les *Éditions Heimdal*.

Éditions Heimdal 2 rue de la Cartoucherie 14400 Saint Martin des Entrées
Téléphone : 02 31 51 68 68 - Fax : 02 31 51 68 60.
www.editions-heimdal.fr

ISBN 978-2-84048-533-9

Achevé d'imprimer en mai 2019
sur les presses de l'Imprimerie *de Champagne* (France) pour le compte des *Éditions Heimdal*
Georges Bernage, éditeur.

Sommaire

La Distillerie
www.passion356.com
356 C

Lorsque la marque qui porte son nom fut créée, Ferdinand Porsche était alors en prison. C'est son fils Ferry qui en est à l'origine. La première Porsche, la 356, lui doit cependant presque tout. La marque a aujourd'hui 70 ans et se porte à merveille. Lorsque Ferry Porsche lança la production, très artisanale, de la 356 à Gmünd, en Autriche, il pensait qu'un total de 50 à 100 voitures suffirait à saturer le marché de ce type de voiture. La 500e Porsche 356 sortait d'usine le 21 mars 1951 et la 1 000e sortit six mois plus tard…

Lorsque la production prendra fin en 1965, 78 745 exemplaires, tous modèles confondus, depuis l'origine de la marque, en auront été produits. Elle sera même prolongée sous forme de 912 jusqu'en 1969, parallèlement à sa petite sœur, la 911.

Particulièrement recherchées de nos jours, les 356 n'en finissent pas de faire rêver les amateurs, et certains modèles, comme le Speedster, dépassent le demi million d'euros. La rareté n'explique pas seule cet engouement.

Les Porsche 356 ont vraiment quelque chose d'à part.

FERDINAND PORSCHE

(3/9/1875 - 30/1/1951)

Ci-dessus.
Pour son coup d'essai, Ferdinand Porsche réalise un coup de maître. Non seulement la voiture qu'il a créée pour Lohner est exposée à l'exposition universelle de Paris en 1900, mais elle porte son nom et elle obtient un premier prix qui lui apporte une renommée internationale.

Le nom de Porsche est aujourd'hui universellement connu. Ce n'est pourtant pas le professeur Ferdinand Porsche (3/9/1875 - 30/1/1951) qui créa la marque qui a popularisé son nom. Il n'en reste pas moins l'une des figures les plus emblématiques de l'industrie automobile, tant allemande qu'internationale et, par le biais de la Volkswagen, est tout de même indirectement à l'origine de la première Porsche de série, la 356.

Mécanique et électrique

Il naît le 3 septembre 1875 à Maffersdorf près de Reichenberg - l'actuelle Liberec, aujourd'hui en République tchèque - dans la province de Bohême, tout au nord de l'empire Austro-Hongrois de l'empereur François-Joseph, d'Antonius Porsche (1845-1908) et Anna Ehrlich (1850-1919). La famille Porsche vit de la ferblanterie. C'est probablement là l'origine de la passion du jeune Ferdinand pour la mécanique. Son frère aîné Antonius Ferdinandus Porsche (1873–1888) étant mort prématurément, il est pressenti pour reprendre l'atelier paternel, mais son père se rend vite compte que son intelligence et sa passion de la mécanique peuvent le mener bien plus loin. Au lieu de le former pour prendre la direction de la petite entreprise familiale, à sa sortie de l'école, il l'envoie suivre les cours du collège de Reichenberg. Malheureusement, ses résultats scolaires ne lui suffisent pas pour s'inscrire à l'université de Vienne où il assiste aux cours en tant que simple auditeur libre, ce qui l'empêche de passer les examens. Faute de diplôme, ses compétences lui permettent néanmoins de trouver un emploi à la Vereinigte Elektrizität A.G. où on l'emploie à

Ci-dessus. La Lohner Semper Vivus de 1901, dérivée de la première Lohner-Porsche, est dotée d'un générateur alimentant les moteurs électriques des roues, qui en fait tout simplement la première voiture automobile hybride au monde.

l'entretien des machines et où il se familiarisera avec l'électricité dont il équipera la maison familiale en 1894.

Le premier 4x4

Avant la fin du XIXe siècle, il passe chez Jakob Lohner, un fabriquant de carrosses, à la recherche d'un ingénieur capable de mettre au point un véhicule automobile pour sa riche clientèle. À l'époque, l'électricité est encore en compétition avec la vapeur et le pétrole. Elle est jugée plus propre, plus facile à mettre en œuvre et représente, pense-t-il, la solution idéale. Ferdinand Porsche loge deux petits moteurs dans le moyeu des roues avant, économisant ainsi

Ci-contre. On aperçoit Ferdinand Porsche sur le siège passager, derrière le conducteur - sans doute Jakob Lohner – lors des essais de la Lohner-Porsche dotée de quatre moteurs électriques, bien visibles dans les moyeux des roues. Probablement la première quatre roues motrices au monde…

Ci-dessus.
En 1906, le premier travail de Porsche lorsqu'il arriva chez Austro-Daimler, la branche autrichienne du constructeur allemand Daimler, fut d'améliorer la Maja, le modèle phare de la marque, dont il fit un succès commercial.

Page suivante, en haut.
En 1908, Ferdinand Porsche, embauché par Daimler, crée la 27/80, sa première voiture de compétition. En 1910, elle remporte la coupe du Prince Heinrich, une épreuve très en vue à l'époque.

Page suivante, en bas.
Obnubilé par son idée de voiture populaire, en 1921, Ferdinand Porsche fait financer la construction d'une petite sportive, la Sascha, par le comte Sascha Kolowrat, un riche producteur de film. Les trois exemplaires seront engagés à la Targa Florio, en avril 1922.

une lourde transmission. Sa voiture est exposée sous le nom de Lohner-Porsche à l'exposition universelle de Paris, en 1900, où il en fait une brillante démonstration et obtient un premier prix qui le rend célèbre. Dès son retour, il améliore encore sa voiture et la dote d'un moteur alimentant un générateur qui fournit le courant aux moteurs des roues, rendant ainsi sa création autonome. C'est tout simplement la première hybride rechargeable de l'histoire, aujourd'hui monnaie courante sur le marché. Malheureusement, ce premier succès suffit largement au bonheur de Jakob Lohner qui décide donc de se passer des services de Ferdinand Porsche. Il quitte donc l'entreprise en 1906. Fort de sa renommée, il est embauché par Austro-Daimler, la branche autrichienne du constructeur allemand Daimler, qui fabrique les fameuses Mercedes, un nom qui désigne un modèle de la gamme et n'est pas encore devenu une marque. Le premier travail de Porsche fut d'améliorer la Maja, le modèle phare de Daimler. Il en fait un succès commercial et, dès 1908, il crée la 27/80, sa première voiture de compétition qui remporte la coupe du Prince Heinrich en 1910. Ferdinand Porsche fait son service militaire dans l'armée austro-hongroise comme chauffeur de l'archiduc d'Autriche François Ferdinand, ou plus exactement Franz Ferdinand von Österreich-Este, dont l'assassinat à Sarajevo le 28 juin 1914 embrasera l'Europe et le monde.

Pour une voiture populaire

Lors de la Première Guerre mondiale, Porsche met ses compétences au service de son pays et contribue à l'effort de guerre. Il adapte notamment son système de propulsion électrique rechargeable mis au point pour Lohner à des tracteurs d'artillerie. Lui qui a toujours regretté de ne pouvoir passer ses examens se voit décerner le titre de docteur Honoris Causa de l'université de Vienne en 1917 et prend la direction d'Austro-Daimler en 1918, avant même la fin de la guerre. Après l'armistice du 11 novembre 1918, qui met fin à la Première Guerre mondiale, la Bohême se retrouve province d'un nouveau pays, la Tchécoslovaquie, qui n'a rien à voir avec la puissante Autriche-Hongrie. Située dans un pays diminué et appauvri par la guerre, Austro-Daimler est une marque sans clientèle. Ferdinand Porsche pense qu'une voiture populaire serait plus à même d'assurer la reprise que les énormes limousines que préconise l'état-major d'Austro-Daimler. De plus, pour le technicien qu'il est, l'amélioration du rendement des moteurs est un véritable progrès, contrairement à la stérile escalade des cylindrées à laquelle se livrent la plupart des constructeurs de l'époque. Mais son idée de petite voiture populaire destinée au plus grand nombre, ne convainc pas le conseil d'administration d'Austro-Daimler, trop attaché à ses habitudes et à sa clientèle aristocratique. Entêté, Porsche finit pourtant par trouver un financier pour construire sa voiture. En 1921, le comte Alexandre « Sascha » Joseph von Kolowrat-Krakowsky, un riche producteur de film, lui avance les fonds nécessaires à la construction d'une petite sportive. Trois de ces voitures d'un litre de cylindrée, baptisées Sascha, du surnom de son sponsor, sont engagées à la Targa Florio, le 2 avril 1922. La première ne se classe que 18e avec Alfred Neubauer - futur directeur du service compétition de Mercedes - à son volant, ce qui n'empêche pas Porsche d'essayer à nouveau de convaincre Austro-Daimler de fabriquer la Sascha en série. Rien n'y fait. Porsche a le sang vif, il claque la porte et part en Allemagne en 1923.

Ci-dessus.
La Mercedes-Benz S, mise au point par Porsche en 1925, marquera le début d'une fantastique lignée de sportives de luxe qui culminera avec la prestigieuse et efficace SSKL de compétition en 1931.

Chez Mercedes-Benz

Il entre alors chez Daimler à Stuttgart. Il se penche aussitôt sur la gamme du constructeur dont la nouvelle 2 litres à compresseur manque de puissance. Il la modifie pour en faire une voiture performante. L'année suivante, en 1924, elle s'adjugera la Targa Florio, jusque-là dominée par les Alfa Romeo et les Fiat dont les cylindrées sont bien supérieures. Cette même année, le mauvais élève de Reichenberg est à nouveau honoré par une université, celle de Stuttgart cette fois. Après la fusion de Daimler avec Benz, il crée la Mercedes-Benz S en 1926. Cette voiture sera au départ d'une fantastique lignée de sportives dont la SSKL de 1931 sera le point culminant. Mais Porsche, toujours obsédé par son idée de voiture populaire, en a assez d'élaborer des voitures destinées aux plus favorisés dans l'Allemagne de la République de Weimar en plein marasme, frappée de plein fouet par le krach boursier de 1929. Devant l'incompréhension et le refus de sa direction à financer un programme de voiture populaire, il démissionne bruyamment en 1929 et retourne en Autriche, où il entre chez Steyr. Malheureusement, à peine un an plus tard, le système bancaire autrichien s'effondre à son tour et Steyr se retrouve dans le giron d'Austro-Daimler. Pour Porsche, il n'est pas question de retourner chez Austro-Daimler qu'il a quitté six ans plus tôt.

Le bureau d'étude

Ferdinand Porsche retourne alors en Allemagne où il décide de fonder son propre bureau d'études. Le nom complet du bureau d'étude, installé au 14 Kronenstrasse à Stuttgart est Dr. Ing. h. c. F. Porsche G.m.b.H., Konstructionbüro für Motoren-Fahrzeug-Luftfahrzeug und Wasserfahrzeugbau, ce qui signifie mot à mot bureau d'étude pour voitures, avions et bateaux à moteur du professeur Ferdinand Porsche ingénieur honoris causa, et montre que Porcshe est prêt à étudier et construire tout ce qui roule, flotte et vole. Son premier client est Wanderer, une marque du groupe Auto-Union, pour laquelle il développe une berline équipée d'un moteur de 1 800 cm^3 qui connaitra un large succès. Une version 3,2 litres qui devait en découler est pourtant annulée, probablement en raison de la situation économique catastrophique du pays. Porsche n'en continue pas moins à se

Ci-contre.
Lorsqu'il fonde son propre bureau d'études au 14 Kronenstrasse à Stuttgart, Ferdinand Porsche affiche clairement ses ambitions dans l'intitulé de sa société, Dr. Ing. h. c. F. Porsche G.m.b.H., Konstructionbüro für Motoren-Fahrzeug-Luftfahrzeug und Wasserfahrzeugbau, qui signifie qu'il est prêt à étudier et construire tout ce qui roule, flotte ou vole.

Ci-contre.
L'Auto-Union type C à moteur V16 central remportera neuf victoires en 1936 et huit victoires en 1937, l'Allemand Bernd Rosemeyer devenant champion d'Europe des pilotes à son volant.

consacrer à son idée fixe, la voiture populaire, plus en phase avec la conjoncture économique. C'est alors que son prestige lui attire un client inattendu et faillit bien lui faire prendre une orientation qui aurait sûrement changé le cours de l'histoire de l'automobile et peut-être même de l'Histoire tout court. En 1932, l'U.R.S.S., en la personne de Joseph Staline lui-même, lui propose le poste suprême de responsable de toute l'industrie soviétique avec un chèque en blanc pour ses recherches et le développement de sa voiture populaire. Après une tournée de visite des plus importants sites industriels soviétiques, Porsche décline finalement la proposition et repart à Stuttgart.

Un financier nauséabond

Paradoxalement, c'est le régime nazi qui donnera à Porsche les moyens de réaliser ses créations les plus marquantes. Pour la première fois, on va lui offrir le budget pour mener à bien ce projet de voiture populaire qui lui tient tant à cœur. On peut s'interroger sur la conscience politique de Ferdinand Porsche qui, dit-on, ne faisait jamais le salut hitlérien et appelait Hitler « monsieur », mais qui lui demanda pourtant de lui allouer des crédits équivalents à ceux de Mercedes-Benz pour créer l'Auto-Union V16 dès 1934. L'argent n'a pas d'odeur prétend-on, mais s'il en a une, alors il faut croire que c'est Porsche qui n'avait pas d'odorat. Il se verra donc commander par le régime nazi successivement deux voitures aussi extrêmes et aussi décisives pour l'industrie allemande l'une que l'autre, ses deux chefs-d'œuvre, l'Auto-Union de Grand Prix à moteur V16 et la Volkswagen. C'est sur ces deux réussites que s'achève la carrière automobile de Ferdinand Porsche. L'Auto-Union va dominer le sport internationale à la fin des années trente aux côtés des Mercedes-Benz W 125

Ci-dessous.
Bernd Rosemeyer au volant de l'Auto Union type C de record carénée dans laquelle il se tua en tentant de reprendre un record à Mercedes–Benz sur l'autoroute Francfort-Darmstadt en 1938. De dos, les mains dans les poches, Ferdinand Porsche.

Ci-dessus.
Les dix premiers prototypes de la « voiture du peuple » dite Kraft durche Freude (KdF), autrement dit « la force par la joie ». On notera qu'elles n'ont pas de lunette arrière, mais la forme générale et les dimensions sont déjà figées.

(les fameuses flèches d'argent), et la Volkswagen va devenir la voiture la plus produite au monde après la Seconde Guerre mondiale, détrônant le modèle T d'Henry Ford. Après un premier prototype à moteur central, c'est elle qui servira finalement de base à la première Porsche après la guerre, la 356.

Pour le Reich

Pendant la Seconde Guerre mondiale, l'usine de Wolfsburg, construite en 1938 pour y fabriquer la Volkswagen, est réquisitionnée pour les besoins militaires et fabriquera notamment des poêles pour le front de l'Est, aux côtés des Kübelwagen (une sorte de Jeep) et des Schwimmwagen (un petit engin amphibie) militaires, dérivés de la Volkswagen. Ferdinand Porsche, lui aussi réquisitionné, créera le char Tigre, le canon automobile Ferdinand et l'énorme Maus, véritable forteresse roulante exigée par Hitler qui s'enlisa dit-on sous son propre poids lors des essais. Après le bombardement de Stuttgart, Porsche se repliera au sud de l'Autriche, à Gmünd où il sera arrêté par les alliés avec sa famille. Ils sont tous relachés rapidement. Les forces alliées ont estimé que Ferdinand Porsche ne pouvait ignorer de quoi retournait le régime nazi, mais qu'il n'avait pas une conscience politique très développée et ne s'intéressait qu'à la technique, tous les moyens étant bons pour financer les projets, y compris l'allégeance au parti nazi pour une complicité jugée passive. Mais, il sera de nouveau convoqué au quartier général français et arrêté une seconde fois, avec son fils Ferry et Anton Piëch (1894–1952), son avocat, qui avait épousé sa

fille Louise Hedwig Anna Wilhelmine (1904–1999) et avait dirigé l'usine de Wolfsburg entre 1941 et 1945. Ferry est presque aussitôt relaché, tandis que Porsche et Piëch sont emprisonnés en France, à Dijon. Pendant son séjour forcé, Ferdinand Porsche sera consulté sur la 4 CV Renault dont les choix techniques sont très proches de la Volkswagen. Mais le projet est déjà pratiquement achevé et Porsche n'y apportera rien. Il sera libéré avec Anton Piëch après versement d'une caution d'un million de francs que Ferry Porsche a réuni en vendant les plans d'une voiture de Grand Prix à moteur central à l'Italien Piero Dusio qui venait de lancer la marque Cisitalia. Une rencontre qui s'avérera décisive. L'Italien fabriquait une petite sportive, la 202, qui utilisait de nombreux composants Fiat de grande série, ce qui influença probablement Ferry Porsche lorsqu'il mit au point la version définitive de la 356 à base de composants d'origine Volkswagen.

Ferdinand Porsche, de retour à Gmünd, croisa les premières Coccinelles qui commençaient timidement à sillonner les routes allemandes, grâce à l'acharnement du major Ivan Hirst (1916-2000) qui avait remis en route l'usine Volkswagen, lui assurant le glorieux avenir que l'on sait. Mais rien n'est moins sûr, il circule à peine plus de 20 000 Volkswagen en Allemagne à son retour. En tout cas, il ne participera pratiquement pas à l'élaboration de la voiture qui porte son nom, la Porsche 356, et que son fils Ferry vient de créer avec ses anciens collaborateurs du bureau d'étude. Ferdinand Porsche décèdera le 30 janvier 1951, à 76 ans, gravement marqué par son séjour en captivité.

Ci-dessous.
Ce Jagdpanzer Elefant, un canon automoteur aussi appelé Ferdinand du nom de son concepteur, Ferdinand Porsche, fut construit à moins de cent unités. Le manque de défense rapprochée le rendait particulièrement vulnérable, malgré son blindage avant renforcé. Mais sa puissance terrorisait les fantassins soviètiques.

LES BROUILLONS DE LA 356

La Porsche 356 – tout simplement le 356e projet du bureau d'étude Porsche - n'est pas apparue *ex nihilo*. Trois modèles constituent l'ascendance de la 356, une voiture populaire pour sa base technique, un modèle de compétition extrapolé de celle-ci pour sa carrosserie et un prototype à moteur central pour son concept de voiture sportive.

La voiture de Hitler

Il y eut d'abord la Volkswagen, bien sûr, dont la plate-forme technique servit de base aux premières 356. Elle avait été conçue par Ferdinand Porsche à la demande de Hitler lui-même. Le nouveau chancelier d'Allemagne, élu en 1933, avait une idée de l'auto-

Page précedente, en haut.
L'un des trois premiers prototypes de la KdF-Wagen construits à partir de février 1935. Ce cabriolet est désigné VW2 et sa carrosserie repose encore sur une structure bois. Le jeune pilote n'est autre que Ferry Porsche qui avait obtenu un permis de conduire à 15 ans par dérogation spéciale, qui lui permettait de piloter les voitures que son père mettait au point.

Ci-contre.
La berline VW3, le troisième prototype, est soumis à des essais d'octobre à Noël 1936 sous le contrôle du RdA (Reichsverband der Automobilindustrie) et parcourra avec le cabriolet plusieurs dizaines de milliers de kilomètres. Devant, Ferdinand Porsche, dans son attitude favorite, les mains dans les poches.

Page précédente, en bas.
L'un des trente prototypes VW30 assemblés en 1936-37, animés par un moteur quatre cylindres à plat refroidi par air de 985 cm^3. La forme générale rappelle déjà la Volkswagen, mais on est encore loin de la version définitive.

Ci-contre.
Trente autres prototypes baptisés Type 60, plus aboutis, sont construits et abondamment testés en 1937. On appréciera le dépouillement du modèle, malgré une restauration peut-être un peu trop poussée. On remarquera la découpe du capot avant qui ne suit pas les lignes structurelles.

Ci-dessous.
Le Type 60 vu sous cet angle fait admirer son absence de lunette arrière. Comme à l'avant, la découpe du capot s'affranchit des lignes de structures et le système d'ouverture avec ses deux mollettes paraît bien peu pratique.

Ci-contre.
L'intérieur du Type 60 est lui aussi dépouillé et sans fioriture, comme il convient pour une voiture populaire censée coûter moins de 1 000 RM (Reichsmark). On remarque le moteur d'essuie-glace apparent derrière le volant.

mobile populaire assez proche de celle que professait Porsche depuis 1931 et bien avant. Porsche avait en effet déjà construit la Zündapp Volksauto en 1932 et trois prototypes de la NSU 32 en 1933, parfaits brouillons de la future Volkswagen. Hitler, qui s'intéressait beaucoup à l'automobile, n'ignorait sûrement rien des prototypes de Porsche. Il avait donc sous la main l'ingénieur capable de lui construire sa « voiture du peuple » et Porsche avait enfin trouvé le financier qui allait lui donner les moyens de la mettre au point. À la suite d'une visite de Jakob Werlin, le spécialiste de l'automobile du parti nazi, Hitler et Porsche se rencontrent et établissent un cahier des charges de la future voiture. C'est ainsi que Ferdinand Porsche sera amené à faire un exposé sur la construction d'une voiture populaire allemande aux membres du gouvernement du Reich le 17 janvier 1934. Le Reichsverband der Automobilindustrie (RdA) signe un contrat avec le bureau d'étude de Porsche le 22 juin 1934. Après trois premiers prototypes essayés sous le contrôle du RdA, trente prototypes VW30 seront construits à partir de 1936 et essayés intensivement. Puis ce sera le type 60, plus abouti, également construit à une trentaine d'exemplaires au début de 1937. En 1938, la voiture, sous la forme du prototype VW38, a acquis sa configuration définitive, carrosserie de berline aérodynamique deux portes quatre places, moteur 4 cylindres à plat refroidi par air en porte-à-faux à l'arrière, construction monocoque sur une plate-forme à plancher plat. Trois exemplaires de la VW38 ont été construits, deux berlines – dont l'une à toit ouvrant - et un cabriolet. Le 26 mai 1938, Hitler arrive en passager du cabriolet pour poser la première pierre de l'usine des Volkswagen. La voiture du peuple sera distribuée via une organisation nazie qui gère les loisirs, baptisée Kraft durch Freude (la force par la joie… tout un programme) et la voiture du peuple prendra officiellement le nom de Kraft durch Freude-Wagen (ou KdF-Wagen). Les KdF-Wagen seront vendues aux ouvriers et aux salariés via un système d'épargne par l'achat de timbres de 4 RM (Reichsmark) jusqu'à concurrence de 990 RM. En juillet, nait une ville pour loger les ouvriers autour du site de construction des voitures, la Stadt des KdF-Wagen qui deviendra plus tard Wolfsburg. La production de la KDF-Wagen démarre et 200 voitures seront construites avant que le Reich entre en guerre, mais aucune KdF-Wagen ne fut jamais livrée aux 300 000 personnes qui souscrivirent à l'épargne qui généra 280 000 000

Ferdinand Porsche avec une KdF-Wagen immatriculée comme prototype (Versuchwagen) photographié vers 1940 à Vienne. Seuls des hauts dignitaires du parti nazi et des militaires gradés en profiteront. On notera les phares occultés.

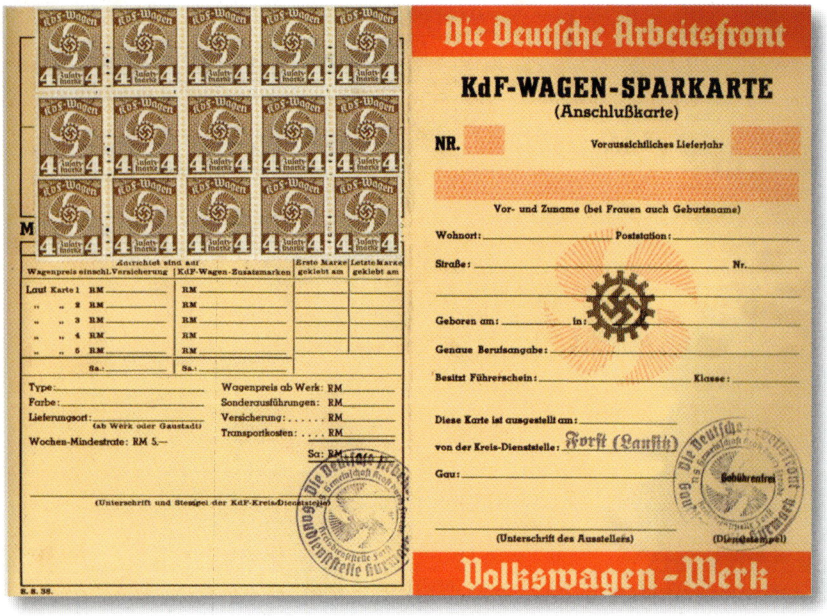

Die Deutsche Arbeitsfront

KdF-WAGEN-SPARKARTE
(Anschlußkarte)

NR. Voraussichtliches Lieferjahr

Vor- und Zuname (bei Frauen auch Geburtsname)

Wohnort: Poststation:

Straße: Nr.

Geboren am: in:

Genaue Berufsangabe:

Besitzt Führerschein: Klasse:

Diese Karte ist ausgestellt am:

von der Kreis-Dienststelle: Forst (Lausitz)

Gau:

(Unterschrift des Ausstellers) (Dienststempel)

Gebührenfrei

Volkswagen-Werk

KdF-Wagen – 4 Zusatzmarke 4

M

Entrichtet sind auf Wagenpreis einschl. Versicherung	KdF-Wagen-Zusatzmarken	Erste Marke geklebt am	Letzte Marke geklebt am
Laut Karte 1 RM	RM		
„ „ 2 RM	RM		
„ „ 3 RM	RM		
„ „ 4 RM	RM		
„ „ 5 RM	RM		
Sa.:	Sa.:		

Type: Wagenpreis ab Werk: RM

Farbe: Sonderausführungen: RM

Lieferungsort: (ab Werk oder Gaustadt) Versicherung: RM

Wochen-Mindestrate: RM 5.– Transportkosten: RM

Sa: RM

(Unterschrift und Stempel der KdF-Kreis-Dienststelle)

8. 8. 38.

Ci-dessus.
La carte d'épargnant destinée à collectionner les timbres de 4 RM jusqu'à concurrence des 990 RM auxquels on pouvait ajouter d'autres carnets pour les options toit ouvrant et autoradio, facturés 60 RM.

de Reichsmark. Mais, on l'ignorait encore, la Porsche 356 venait de trouver sa base technique.

Une voiture populaire de course

Si la voiture populaire faisait partie des obsessions de Porsche, la compétition n'était jamais oubliée. Alors que les prototypes de la KdF-Wagen circulent encore, Ferdinand Porsche décide d'en extrapoler une version sportive, le type 114. Entre le 10 et le 16 septembre 1938, une carrosserie aérodynamique, plus étroite, pour réduire la surface frontale, est dessinée. Petit détail, le moteur a été déplacé en avant de l'essieu arrière, c'est donc une voiture à moteur central. Trois versions sont prévues mais demeurent sur le papier et semblent devoir rester sans lendemain, quand, au printemps 1939, les inscriptions pour un raid Rome-Berlin-Rome reliant deux des capitales de l'axe Rome-Berlin-Tokyo, prévu à l'automne 1939, sont ouvertes. Plusieurs constructeurs décident d'y participer dont, bien sûr, la KdF-Wagen pour la propagande du Reich. Les 600 premiers kilomètres de l'épreuve se tiendront sur l'autoroute Berlin-Munich et devraient être favorables aux modèles les plus aérodynamiques. Au bureau d'étude, on ressort le projet 114 des cartons. Le premier dessin du nouveau projet, daté du 9 janvier 1939, est signé Karl Fröhlich et reprend l'essentiel du projet 114. Trois prototypes, baptisés type 64, sont construits chez Reutter à Stuttgart avec une carrosserie aérodynamique sur un châssis presque identique à celui de la KdF-Wagen. La carrosserie en aluminium est très étroite avec deux places au centre en tandem. Le moteur de 24 ch est poussé à 32 ch et permet à la voiture, grâce à sa plus grande légèreté et à une meilleure aérodynamique de sa carrosserie, d'atteindre 140 km/h (certaines sources parlent de 50 ch et de 160 km/h). Les hostilités de la Seconde Guerre mondiale débutèrent en septembre 1939 et l'épreuve fut finalement annulée. Une seule des trois voitures échappa à la destruction grâce à Otto Mathé, un Autrichien, qui la fit courir jusqu'en 1951.

Retour en Autriche

La suite de l'histoire reprend après la Seconde Guerre mondiale, en Autriche. À la fin de la guerre, la famille Porsche se replia en Carinthie, au sud de l'Autriche, dans le village de Gmünd, (à ne pas confondre avec Gmünd-am-Tegernsee en Bavière, en Allemagne) avec ce qui restait du bureau d'étude, notamment de

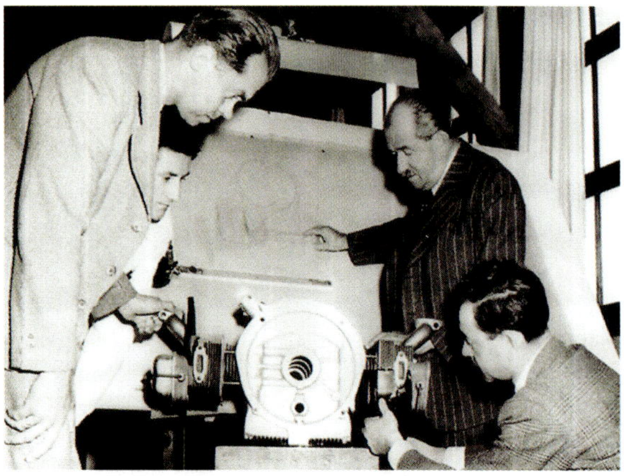

Ci-contre.
Erwin Komenda, à gauche, Ferdinand Porsche, debout, et son fils Ferry devant un moteur 4 cylindres à plat. La photo pourrait avoir été prise après la guerre au retour de Ferdinand Porsche et peut-être s'agit-il d'un moteur préparé pour une Porsche.

Ci-dessous.
Le premier des trois Type 64 construits en 1939 sur un châssis presque identique à celui de la KDF-Wagen. Les deux places au centre en tandem ont permis au carrossier Reutter de réaliser une carrosserie très étroite, afin de réduire la surface frontale. La prise d'air avant rappelle une maquette en bois du Type 114.

Ci-dessus.
Devant ce qui semble être les locaux du bureau d'étude Porsche à Stuttgart, un second Type 64, qui diffère du précédent par son absence d'entrée d'air et ses vitrages ainsi que par sa flèche de direction (?) sur l'aile avant. Comme sur les trois voitures, les roues sont également carénées.

Ci-dessous.
La même voiture (ou peut-être la troisième, car le vitrage arrière est différent) photographiée à Gmünd où se réfugia la famille Porsche à la fin de la guerre. Ferry Porsche raconte dans ses mémoires que des GI l'auraient décapitée sous ses yeux pour en faire un cabriolet.

À la fin de la guerre, le Reich délocalisa les activités de l'industrie de guerre et les personnalités importantes pour les mettre hors de portée des bombes alliées. La famille Porsche et les principaux collaborateurs du bureau d'étude trouvèrent refuge à Gmünd en Carinthie, au sud de l'Autriche.

précieuses archives et de nombreux plans. Les directives du Reich pour protéger les personnes importantes et délocaliser les activités de l'industrie de guerre hors de portée des bombes alliées les avaient amenés là, pas très loin de leurs terres d'origines. Les rescapés du bureau d'étude et les plus fidèles collaborateurs s'établissent dans une ancienne scierie à Karnerau, dans la vallée de la Malta, au nord de Gmünd. Parmi le personnel on trouve, entre autres, autour du trio de base, Ferry Porsche, Karl Rabe et Erwin Komenda, Hans Chabek, Paul Emst, Wolfgang Eyb (futur ingénieur en chef des études), Wilhelm Gasteig, Richard Hetmann, Herzog, Kral (l'adjoint de Komenda au style), Ewald Mozelt, Leopold Schmid (spécialiste des boîtes de vitesses), Lorsqu'arrive la fin de la guerre, le bureau d'étude vit au jour le jour sur des projets mécaniques de première nécessité, pompes, tracteurs, moteurs et sur la récupération et la réparation de véhicules militaires et agricoles, en attendant la suite des événements. Le bureau d'étude faillit bien abandonner définitivement la création de voitures de sport dont l'avenir et la rentabilité en ces années-là était

C'est dans ces ateliers en bois d'une ancienne scierie que s'installa le bureau d'étude Porsche à la fin de la seconde guerre où furent construites les premières 356 après le prototype à moteur central. Le bureau d'étude regagna les locaux de Stuttgart-Zuffenhausen en 1950.

La scierie est située dans le petit hameau de Karnerau dans la vallée de la Malta, au nord de Gmünd. À droite, la loge du gardien devant les locaux administratifs et le bureau d'étude. Toutes les constructions sont en bois.

loin d'être acquis. C'est pourtant là, dans cette ancienne scierie de Gmünd, que fut conçue la première voiture portant la marque Porsche. Par une étrange ironie du sort, Ferdinand Porsche ne participa pas à la mise au point de la première voiture de la marque qui portait son nom, il était à l'époque encore emprisonné en France, à Dijon, au titre de responsable de l'industrie des pays occupés par l'Allemagne nazie. Il fut convoqué à Boulogne-Billancourt et consulté pour le projet de la Renault 4 CV qui était déjà pratiquement finalisé et n'y toucha finalement pas.

Un certain Ferry

C'est Ferry – de son vrai prénom Ferdinand Anton Ernst - le fils de Ferdinand, né le 19 septembre 1909 à Wiener Neustadt en Basse-Autriche, qui prend la direction du bureau d'étude replié à Gmünd en l'absence de son fondateur. Ferry a baigné dans la mécanique dès son plus jeune âge. Son père lui avait construit une petite voiture sur mesure pour ses 10 ans et, à 15 ans, il avait obtenu un permis de conduire par dérogation spéciale, qui lui permettait de piloter les voitures que son père mettait au point, notamment

Ci-dessous. Le bureau d'étude vu de l'intérieur de la scierie. On reconnaît à droite, la loge du gardien et le pilier de l'entrée. On a du mal à imaginer comment travaillaient les ingénieurs dans cet espace réduit et dans un confort qui semble bien spartiate.

Ci-contre.
Après l'armistice du 8 mai 1945, le bureau d'étude Porsche se replia sur la réparation de véhicules militaires, la construction de treuils et de remonte-pente. On y construisit aussi ce tracteur diesel MPS qui préfigure d'autres modèles qui seront plus tard construits par Allgaier.

Ci-dessous.
Les trois piliers du bureau d'étude Porsche. À gauche Karl Rabe, le directeur technique, Erwin Komenda, le responsable carrosserie un ancien de chez Daimler-Benz et, bien sûr Ferry Porsche. La photo semble avoir été prise à Stuttgart-Zuffenhausen après le conflit.

l'impressionnante Mercedes-Benz SSK à compresseur. Il en gardera toute sa vie un bon coup de volant et un goût pour le pilotage. Il travailla aux côtés de son père dès 1931 au bureau d'étude de Stuttgart et avait été impliqué dans tous les projets, y compris la Volkswagen et l'Auto-Union de Grand Prix qu'il connaissait donc particulièrement bien. Une fois la guerre terminée, redoutant la confiscation des biens de son père par les alliés, le 1er avril 1947, il fonde avec sa sœur Louise (mariée depuis 1928 à l'avocat Anton Piëch) la société de droit autrichien Porsche Konstruktionen GmbH à Gmünd, dont ils sont les gérants. Ferry qui consacrera sa vie à Porsche et en fera le succès que l'on sait, décèdera le 27 mars 1998 à Zell-am-See en Autriche.

Sur une idée italienne

En 1946, Piero Dusio, un industriel italien qui venait de fonder la marque Cisitalia, voulait créer une ambitieuse voiture de Grand Prix à moteur central. Il a bien sûr entendu parler de l'Auto-Union

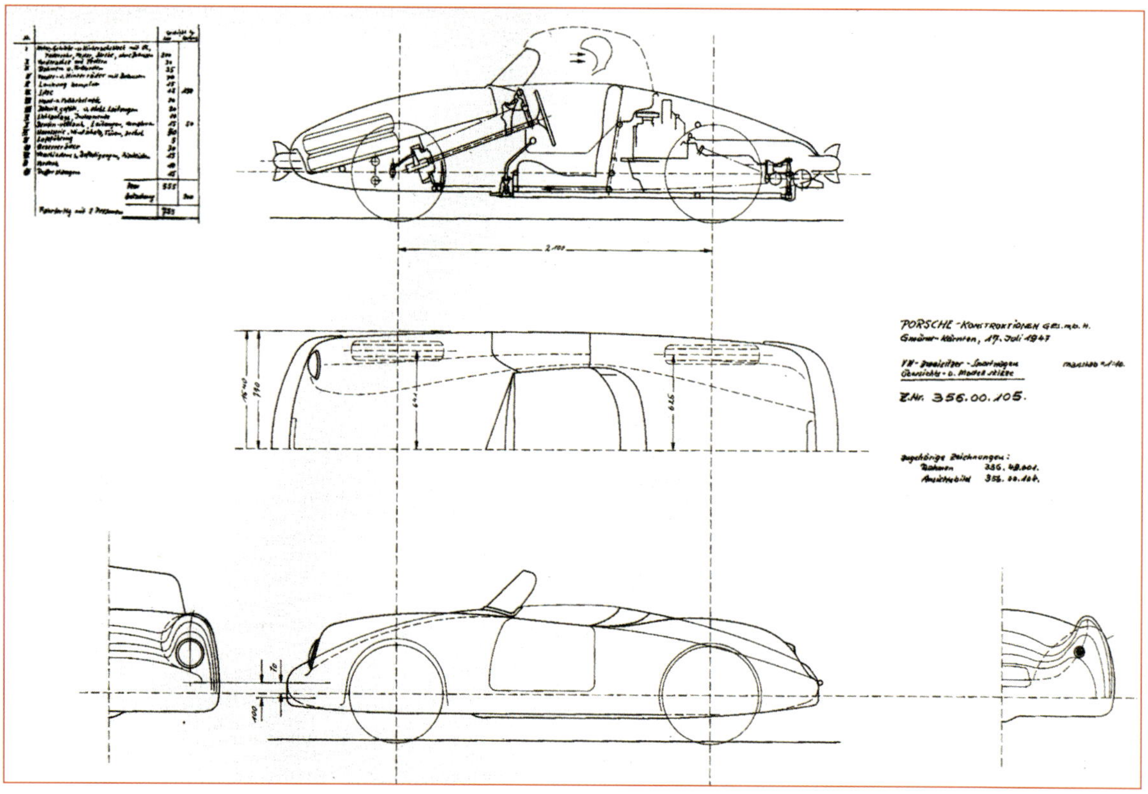

Ci-contre.
Ce plan daté du 17 juin 1947 représente schématiquement la Porsche n°1 (356.001). Il s'agit probablement de la première esquisse du modèle. On voit nettement le moteur en position centrale, en avant de l'essieu arrière.

La 356.001 fut la première automobile à porter le nom de Porsche. Le lettrage Posche qui figurait au-dessus de l'entrée d'air sur le premier Type 64 avait été ajouté par le pilote Otto Mahé lorsqu'il la fit courir après guerre. La finition est assez sommaire, la planéité des panneaux de carrosserie et l'alignement des ouvrants sont assez approximatifs.

Devant les bureaux de Gmünd, le profil de la 356.001 montre clairement son empattement allongé (215 cm) pour loger le moteur au centre. On notera aussi les enjoliveurs spécifiques et la poignée rétractable affleurante.

Ci-contre.
Cette vue arrière permet de voir les deux lignes pointillées qui semblent bien être les seules ouïes d'extraction pour évacuer les calories dégagées par le quatre cylindres à plat refroidi par air. On remarque la lettre A pour Austria (Autriche en anglais, en allemand Österreich).

Ci-dessous.
Sur cette photo très connue, prise au retour de Ferdinand Porsche, on reconnaît Ferry au centre et, surtout, l'auteur des lignes de la voiture, Erwin Komenda souvent absent, l'image étant parfois amputée de sa partie gauche pour ne conserver que les Porsche père et fils.

Ci-contre.
L'intérieur n'a rien de luxueux, avec un seul tachymètre, mais on a quand même installé une montre de bord sur le couvercle du vide-poche. Étrangement pour une sportive, une simple banquette fait office de sièges avant.

type D de Grand Prix de 1938, conçue par Ferdinand Porsche. Le représentant en Italie du Porsche Konstruktionsbüro für Motorenfahrzeug Luftfahrzeug und Wasserfahrzeug est un certain Carlo Abarth. Dusio le rencontre fin 1946, grâce à deux pilotes de l'écurie Cisitalia, Piero Taruffi et Tazio Nuvolari. Comme eux, Karl Abarth, un citoyen autrichien que connaissent bien les Porsche, a commencé sa carrière sur motocyclette, avant de passer à l'automobile. Ferry Porsche, Karl Rabe, son directeur technique, et Erwin Komenda, le responsable carrosserie, se rendent donc en Italie pour y rencontrer Piero Dusio. Un contrat est signé le 3 février 1947 entre Dusio pour Cisitalia et Ferry Porsche et Louise Pièch pour le bureau d'étude Porsche. L'argent qu'ils gagneront avec ce projet servira à payer la caution de Ferdinand Porsche, emprisonné en France, qui fut libéré en 1949. Ce contrat eut probablement aussi une incidence sur l'origine de la Porsche 356. Ferry Porsche et Karl Rabe visitèrent en effet l'usine Cisitalia où il

purent voir comment Dusio s'était servi d'un modèle populaire, la Fiat 1100, pour en faire une voiture de sport et comment il avait su utiliser les maigres ressources dont il disposait pour construire une sportive adaptée au marché de l'immédiat après-guerre. Même si l'idée d'une sportive à moteur Volkswagen avait déjà trotté dans la tête de Porsche et de Rabe, il est fort probable que cet exemple les ait inspiré et les ait incité plus tard à utiliser un châssis tubulaire sur la 356.001 à moteur central et se servir plus largement de la plate-forme technique de la Volkswagen pour leur sportive.

La première Porsche

À son retour d'Italie, Ferry Porsche et ses collaborateurs décidèrent donc de créer leur propre sportive sur une base mécanique allemande qu'ils connaissaient bien, la Volkswagen. Ils s'inspirèrent toutefois des travaux que le professeur avait menés avant la guerre. Un premier prototype qui resta unique (châssis 356.001) fut construit à Gmünd, en Autriche, au printemps 1948 et diffère très sensiblement des futures 356 de série puisqu'il n'a que le quatre cylindres à plat Volkswagen en commun avec elle, un 1 131 cm^3 à peine modifié développant 40 ch (type 369), et tous les éléments de suspension. La voiture fut longuement essayée par Eberan von Eberhorst qui avait travaillé sur l'Auto-Union Type D. Mais contrairement aux Porsche de série qui vont suivre, le moteur VW est en position centrale, en avant de l'essieu arrière et non pas en porte-à-faux en arrière de l'essieu, avec la suspension arrière retournée, comme le moteur. De surcroît, la structure du prototype est constituée d'un châssis tubulaire, comme les… Cisitalia de Piero Dusio.

Vers une base populaire

La position centrale du moteur reprend le schéma du projet de la KDF-Wagen 114 de 1939, donnant un meilleur équilibre et une tenue de route plus neutre à la voiture. La légèreté du véhicule, dont le poids annoncé était de 596 kg et son aérodynamique plus soignée que celle de la « Coccinelle », permettaient d'exploiter au maximum les 40 ch du 4 cylindres à plat. La vitesse de pointe frôlait les 140 km/h. Un exploit avec seulement 40 ch. Le principe était adapté à une utilisation routière et aux conditions économique de l'après-guerre avec un moteur de grande diffusion peu cher et, hélas, également peu performant. Mais, si le moteur Volkswagen semblait un choix (trop) raisonnable pour une sportive destinée à un marché exsangue, le châssis tubulaire était, lui, bien trop sophistiqué et coûteux à fabriquer. Contrairement à Dusio qui faisait appel aux tubes des cadres de bicyclettes Beltrame qu'il construisait avant guerre et dont il dispose en quantité et qui peut en outre compter sur le savoir-faire des ouvriers spécialisés qui les soudaient pour constituer le châssis de sa Cisitalia 202, Porsche n'a sous la main ni les tubes, ni la main d'œuvre spécialisée. Le prix de revient exorbitant de sa sportive est injustifiable en regard des modestes performances prodiguées. Il faut donc trouver une solution moins coûteuse pour le châssis, en un mot faire plus simple, si l'on veut rencontrer un quelconque succès commercial, même limité. Ce sera la plate-forme technique de la Volkswagen.

Le prototype 356.001 à moteur central fut vendu à un homme d'affaire sportif suisse de Zurich, Rupprecht von Senger, qui avait soutenu financièrement Porsche pour sa construction avec son compatriote Bernhard Blank. Le 11 juillet, la Porsche 356.001 remporta sa classe dans une course, piloté par Herbert Kaes (un neveu de Ferdinand Porsche). Elle fut rachetée par l'usine quelques années plus tard et occupe aujourd'hui une place de choix au musée de la marque à Stuttgart. Passablement remanié au cours des années et restauré avec un peu trop de zèle, ce prototype authentique est aujourd'hui doublé par une réplique, réalisée d'après les plans et les photos d'époque, qui respecte scrupuleusement l'aspect de la voiture originale.

Parallèlement au prototype 356.001, dès avril 1948, Ferry Porsche avait mis en chantier un second modèle reprenant le châssis de la Volkswagen avec moteur en porte-à-faux arrière.

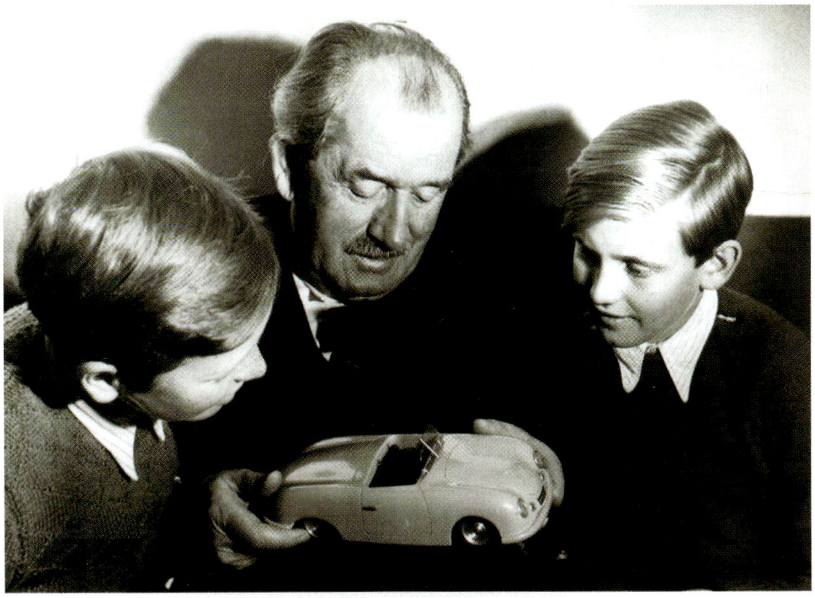

Ci-dessus.
Une autre photo prise après le retour de Ferdinand Porsche le montrant avec ses petit-fils, peut-être les deux ainés Ferdinand Alexander dit « Butzi » né en 1935, le fils de Ferry, et Ferdinand Piech, le fils de Louise, la sœur de Ferry, né en 1937.

Ci-dessous.
La Porsche 356.001 telle qu'elle était exposée au musée Porsche. Remaniée et modifiée, elle avait été restaurée à plusieurs reprises avec un peu trop de zèle, si bien qu'on en a reconstruit une réplique plus conforme à l'originale d'après les plans et les photos d'époque.

Porsche récupérera une partie de ses installations de Zuffenhausen dans la banlieue de Stuttgart, en Allemagne, et confiera au carrossier Reutter la construction des coques.

Le bureau d'étude Porsche - ou du moins ce qu'il en restait - réfugié à Gmünd, qui participa à l'élaboration de la 356 comptait quelques personnages-clés aux côtés de Ferry Porsche. Le plus important est sûrement Karl Rabe (1895-1968), qui fut ingénieur en chef jusqu'en 1966 chez Porsche. Il avait été le protégé de Ferdinand Porsche lorsqu'il travaillait chez Austro-Daimler et l'avait suivi à Stuttgart en 1931 quand il avait fondé son bureau d'étude. C'est donc un des piliers de la société et l'un des rares étrangers à la famille Porsche à posséder des actions. L'autre personnage d'importance est Erwin Komenda (1904-1966), le res-

LES 356 « GMÜND »

[NOVEMBRE 1948 - AVRIL 1950]

Ci-dessus.
C'est Ferdinand Anton Ernst Porsche, dit Ferry, le fils de Ferdinand, né le 19 septembre 1909 à Wiener Neustadt en Basse-Autriche, qui prendra la direction du bureau d'étude replié à Gmünd en l'absence de son père. Il avait travaillé avec celui-ci dès 1931.

Les amateurs appellent les premières 356 les « pré-A », pour les différencier des 356 suivantes à suffixe, 356 A, B et C, mais leur nom officiel et complet est bien 356 tout court, sans préfixe ni suffixe. Leur histoire commence en novembre 1948 à Gmünd, en Autriche, où elles seront fabriquées artisanalement pendant un peu plus d'un an, jusqu'en avril 1950, lorsque

ponsable des carrosseries, lui aussi compagnon de longue date de Ferdinand Porsche puisqu'ils s'étaient rencontrés chez Daimler-Benz. Deux autres anciens collaborateurs de Ferdinand Porsche complètent ce trio, Franz Xaver Reimspiess (1900-1979) et non pas Riemspiess, comme on le lit souvent, qui a conçu le quatre cylindre à plat refroidi par air de la Volkswagen (et dessinera accessoirement l'écusson Porsche) et Josef Mickl (1885-1965), spécialiste de l'aérodynamique, un poste ô combien important, tant pour les Porsche de compétition que pour les modèles de série. On peut encore ajouter Ernst Fuhrmann (1918-1995), spécialiste moteur chargé d'optimiser les performances du quatre clindres à plat (il deviendra directeur général en 1971), Leopold Schmid, ancine spécialiste des transmissions de Daimler-Benz qui mettra au point la boîte de vitesses Porsche 519, construite par Getrag, et Wolfgang Eyb, qui deviendra ingénieur en chef chargé des études, mais aussi Kral l'assistant de Komenda au style, Hans

Ci-contre.
Bras croisés, Ferry Porsche observe le prototype de la plate-forme de la 356. Le personnage à sa droite pourrait bien être Ernst Schoch, le secrétaire personnel de Bernhard Blank, un hôtelier zurichois qui va organiser la venue de Porsche au Salon de Genève en 1949.

Ci-dessus.
Le moteur, installé dans le prototype de la plate-forme. Il s'agit du quatre cylindre à plat refroidi par air de la Volkswagen modifié qui équipera les tout premiers modèles. D'une cylindrée de 1 131 cm³ (75x64 mm), il développait 40 ch à 4 200 tr/mn et fut rapidement remplacé par un 1 086 cm³ (73,5x64 mm), lui aussi de 40 ch.

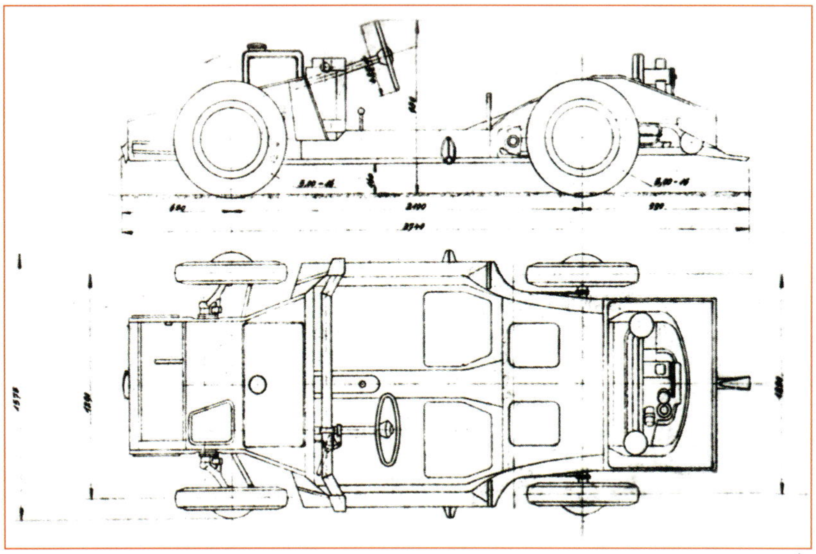

Ci-dessus.
Le plan de la plate-forme 356 reprend tous les éléments mécaniques de la Volkswagen, le moteur en porte-à-faux, les suspensions avant et arrière ainsi que la direction et de nombreux autres éléments.

Chabek, Paul Emst, Wilhelm Gasteig, Richard Hetmann et Ewald Mozelt. Tous, à un moment ou un autre apporteront leur contribution à la 356.

Après le prototype 356.001 à moteur central resté sans lendemain, Ferry Porsche et ses collaborateurs repensèrent leur modèle de sportive à partir d'éléments de série plus nombreux. Dès avril 1948, Ferry Porsche avait mis en chantier un second châssis avec moteur en porte-à-faux arrière et suspension arrière de la Volkswagen, encouragé par l'homme d'affaire suisse Rupprecht von Senger qui s'était engagé à lui acheter 50 voitures et l'avait déjà soutenu financièrement pour le premier prototype. Cette fois, la plate-forme n'est plus un châssis tubulaire, mais est constituée d'un plancher et de caissons de tôle d'acier (celui de la Volkswagen adapté et raccourci de 30 cm), plus facile à réaliser que le treillis tubulaire initial, donc moins cher, tout en étant presque aussi léger et plus rigide. L'empattement a été ramené à 2,10 m, contre 2,15 m pour la 356.001 à moteur central. En juin 1948, la première voiture, un coupé, était terminée. C'est bien sûr Erwin Komenda qui a dessiné la carrosserie dans ce style fonctionnel et épuré qu'il avait déjà mis en œuvre sur la Volkswagen, sur le type 64 et le prototype 356.001. On retrouve globalement les formes aérodynamiques du Type 64. Toutefois, la 356 est plus large, les sièges ne sont plus en tandem, mais côte à côte, les surfaces vitrées ont été agrandies, le pavillon plus bombé dégage une meilleure garde au toit et la disposition du moteur a permis d'aménager un petit emplacement pour les bagages, derrière les sièges, ou éventuellement pour un passager (compréhensif). Autant d'arguments commerciaux. L'aérodynamique reste excellente puisqu'on a avancé un chiffre de 0,39 pour le Cx qui laisse penser que Josef Mickl a apporté sa contribution à la réalisation de la carrosserie et sûrement contribué à ce chiffre flatteur. La voiture a d'ailleurs fait l'objet d'essais roulants avec des morceaux de laine collés sur la carrosserie pour visualiser l'écoulement des filets d'air. La consommation de 9,3 litres au 100 km, faible pour l'époque pour un moteur aussi performant, doit sûrement, elle aussi, beaucoup à l'aérodynamique très soignée du modèle.

Faute d'acier, encore contingenté en cet immédiat après-guerre, le premier coupé, construit en juin 1948, est réalisé en aluminium – seules les portes étaient en acier – et a été mis en forme

Ci-dessous.
Peut-être la première 356, en tout cas le modèle d'essai de l'usine, avec des fils de laine destinés à visualiser l'écoulement de l'air autour de la carrosserie. On remarquera les flèches de clignotant dans les ailes avant comme celles figurant sur le plan et les essuie-glaces à mouvement antagonique.

Ci-contre.
Le prototype du coupé de série en cours de construction en juin 1948, reconnaissable à ses fines bananes de pare-chocs, particulièrement agressives, et à son jonc chromé unique entre les clignotants.

par un ancien tôlier-formeur d'Austro-Daimler sur un gabarit en bois. La grille de moteur, différente de celle des modèles de série, est constituée de petites fentes verticales disposées sur trois rangées horizontales de longueurs inégales l'une au dessus de l'autre, la plus large étant en haut du capot. Au centre, trois joncs chromés verticaux relient ces trois rangées d'ouïes. Les feux arrière en trois éléments sont identiques à ceux du roadster à moteur central. Ont-ils été prélevés dessus ?
Un catalogue de 4 pages est imprimé (en allemand, français et anglais) à Vienne en août 1948 et présente un coupé et un cabriolet. Il a vraisemblablement été réalisé avant même que la première version de série de la 356 ait été construite, comme le laisse penser le fait que les deux modèles sont présentés sous forme de dessins et non pas de photos. Le premier coupé a été essayé sur route en juillet et n'a été homologué que le 7 août 1948, en même temps qu'une version cabriolet, et la production n'a donc probablement démarré qu'au cours de l'automne 1948, après l'homologation. Elle se fait lentement avec des voitures à carrosserie en aluminium, construites à la main, au rythme d'environ cinq unités par mois. Toutes les Porsche fabriquées à Gmünd seront faites à la main, avec des tôles d'aluminium martelées, mises en forme sur un gabarit en bois, Porsche n'ayant pas les moyens d'acheter des presses à emboutir. L'approvisionnement en accessoires - pneumatiques, pompes, dynamos et même les tôles d'aluminium - est très difficile et se fait au compte-goutte,

Ci-contre.
Le même prototype photographié le même jour au même endroit. On voit nettement la grille de capot avec ses trois rangées d'ouïes et ses trois barrettes chromées. On note également les feux en trois éléments identiques à ceux de la 356.001 à moteur central, et le méplat destiné à recevoir une plaque d'immatriculation carrée.

Ci-dessous.
Le prototype achevé devant l'atelier. Les essuie-glaces sont à mouvement parallèle et les roues sont encore dépourvues d'enjoliveur. Derrière, on peut voir la 356.001 à moteur central et, à l'arrière-plan, ce qui semble être une Kübelwagen.

Ci-contre.
Les plans de la carrosserie du modèle définitif reconnaissable à sa grille de capot moteur, différente de celle du prototype. On retrouve la flèche de clignotant sur l'aile avant, comme sur le modèle ayant servi aux essais aérodynamiques.

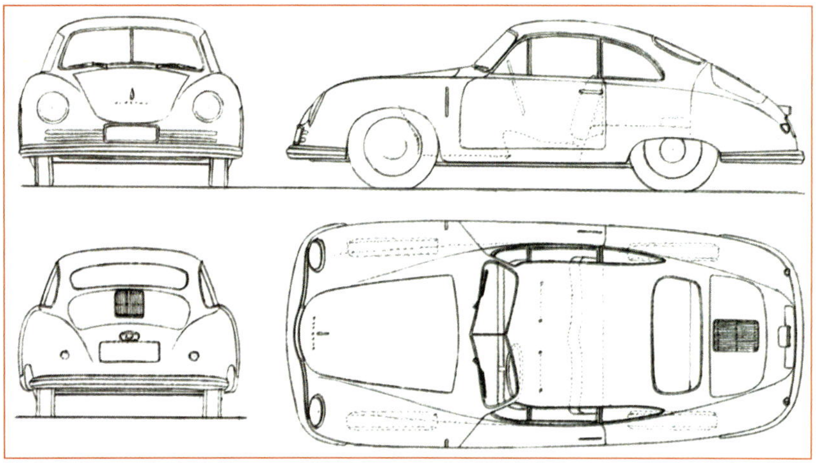

via la Suisse, grâce à Rupprecht von Senger. Entre l'hiver 1948-1949 et mars 1950, 46 voitures auraient ainsi été fabriquées à Gmünd, selon Ferry Porsche. On reconnaît les coupés « Gmünd » à leurs déflecteurs latéraux bombés, aux deux joncs chromés au-dessus du pare-choc avant et à leur quatre petits feux arrière ronds. À côté des coupés et cabriolets construits artisanalement à Gmünd, six cabriolets sont fabriqués à Thoune, en Suisse, chez le carrossier Beutler, en 1949. Ils se distinguent par une aile arrière en relief, rompant la ligne sans décrochement du coupé. Un coupé avec toit ouvrant en toile, pompeusement baptisé Sport Limousine, est présenté au Salon de Genève en mars 1949, aux côtés d'un cabriolet, grâce à Bernhard Blank, un hôtelier zurichois que Rupprecht von Senger a présenté à Ferry Porsche. C'est la première apparition publique officielle de la Porsche 356. Porsche ne récupèrera ses locaux de Stuttgart, placés sous séquestre par les Alliés, qu'au printemps 1950. Encore ne s'agit-il pas de l'usine à proprement parler qui sert encore de parking aux Américains et restera occupée jusqu'en 1955.

Gamme 1949-1950 : 1 131 cm³ (40 ch), puis 1 086 cm³ (40 ch) - disponibles en coupé et cabriolet

Des premiers modèles de 1948 jusqu'aux modèles fabriqués en série à Stuttgart, la 356 a peu évolué. Le quatre cylindre

Ci-dessus.
Le Cabriolet tel qu'il est présenté dans le catalogue de 1948. On remarque qu'il n'a pas de flèche de direction sur l'aile avant, qu'il n'a pas la même aile arrière ni les quatre petits feux ronds que le cabriolet Beutler. Le fait qu'il soit dessiné et non présenté en photo pourrait également indiquer qu'il n'a pas encore été construit.

Ci-contre.
La couverture du premier catalogue de 4 pages, édité à Vienne en août 1948. Il s'agit plus d'une déclaration d'intention que d'un catalogue publicitaire, la production ayant à peine démarré à Gmünd à l'époque et le premier cabriolet n'ayant peut-être même pas encore été construit.

Ci-contre.
L'atelier de carrosserie dans toute sa vétusté avec, au premier plan, une des premières 356, peut-être l'un des modèles montrés ci-dessus. Au fond le mannequin de bois du coupé sur lequel sont formés à la main les panneaux d'aluminium dont on aperçoit quelques-uns au fond sur l'établi.

L'un des six cabriolets construits en Suisse par Beutler en 1949. Il n'a pas les joncs chromés au-dessus du pare-choc avant et se distingue par ses ailes arrière rebondies et ses enjoliveurs de roues striés. On remarquera la capote affleurante, entièrement escamotée.

Ci-contre.
Un autre cabriolet, lui aussi de 1949, qui reprend intégralement le soubassement du coupé avec des ailes arrière dans le même volume que la carrosserie. Il arbore ce qui semble bien être le logotype de la carrosserie Reutter de Stuttgart au bas de l'aile avant.

à plat refroidi par air de 1 131 cm³ (75x64 mm) développant 40 ch à 4 200 tr/mn, emprunté à la Volkswagen, des tout premiers modèles a été rapidement remplacé par un 1 086 cm³ dont l'alésage à été ramené à 73,5 mm et qui développe lui aussi 40 ch mais à seulement 4 000 tr/mn. Cette cylindrée juste au-dessous du seuil de 1 100 cm³ va permettre à la voiture d'être homologuée dans la catégorie internationale de 750 à 1 100 cm³. L'excellente aérodynamique et le poids réduit - 780 kg - de la 356 lui permettent un bon 140 km/h. On note l'abandon des freins Duplex à

Ci-contre.
Cet autre cabriolet qui semble mieux fini et plus luxueux avec ses pare-chocs et sa baguette de bas de caisse chromés montre encore une flèche de direction sur l'aile avant et serait donc un modèle construit à Gmünd. On distingue cependant un macaron en bas de l'aile avant qui pourrait être celui d'un carrossier.

Ce coupé « Gmünd », surpris devant la Pogranzentor à Gmünd, montre des essuie-glaces à repos au centre et ne possède pas de clignotants sous les phares. Il s'agit de l'un des premiers coupés 356 qui se distingue également par son entourage de plaque minéralogique fixé sur la carrosserie.

Le cabriolet Beutler et le coupé Gmünd (avec un toit ouvrant en toile) exposés au Salon de Genève la 17 mars 1949, leur première sortie publique. On reconnaît Ferry Porsche (troisième en partant de la gauche), Ernst Schoch, le secrétaire de Bernhard Blank, Louise Piëch (la sœur de Ferry) et Bernhard Blank.

Ci-contre.
D'une cylindrée de 1 131 cm³ (75x64 mm), il développait 40 ch à 4 200 tr/mn et fut rapidement remplacé par un 1 086 cm³ (73,5x64 mm), lui aussi de 40 ch.

l'avant pour les freins ATE des Volkswagen. Les suspensions avant (à bras parallèles et barres de torsion) et arrière (deux demi-essieux oscillants reliés à des barres de torsion) sont elles aussi empruntées à la Volkswagen, de même que la direction à vis et écrou. La carrosserie des 356 « Gmünd » est en aluminium et, en dehors du pare-brise, les vitrages sont, tout au moins sur les tout premiers modèles, généralement en plexiglas. Pour la légèreté, mais aussi peut-être pour des problèmes d'approvisionnement en verre. Extérieurement, on reconnaît les coupés 356 construits à Gmünd à leur déflecteurs de vitre avant bombés et aux baguettes métalliques sous la découpe de capot avant, de chaque côté de la plaque d'immatriculation, qui seront plus tard abandonnées.

Production

De novembre 1948 à mars 1950, 46 voitures à carrosserie en aluminium auraient officiellement été fabriquées à Gmünd, auxquelles il faut probablement ajouter les six cabriolets construits par Beutler en Suisse en 1949. Certaines sources font mention de 23 coupés et 23 cabriolets, d'autres de seulement huit décapotables (dont les six Beutler), certaines mentionnent quelques cabriolets et coupés construits par le carrossier Reutter à Stuttgart, parallèlement aux modèles de Gmünd, à partir de l'été 1949. D'autres encore mentionnent quelques modèles construits à Gmünd jusqu'à la date de fermeture du site, le 20 mars 1951. En tout cas pas plus d'une cinquantaine de voitures ne fut construit à Gmünd.

Ci-dessous, à gauche.
Première publicité parue en France dans le numéro du Salon de L'Illustration à la fin de l'année 1950. L'importateur de Porsche en France est Auguste Veuillet qui a créé Sonauto en 1947. Il sera le premier à engager une Porsche au Mans, une 356, en 1951.

Ci-contre, à droite.
Cette autre publicité est celle de l'importateur Volkswagen en Hollande, Ben Pon, qui sera à l'origine du Kombi Volkswagen. Sur la gauche, les créations les plus marquantes de Ferdinand Porsche, la Lohner, une Austro-Daimler, une Mercedes S, l'Auto-Union de record et la Volkswagen.

Un coupé « Gmünd » typique, photographié devant l'hôtel de ville de Markgröningen dans le Bade-Wurtemberg. On note les deux joncs chromés entre les clignotants, les essuie-glaces antagoniques au repos à l'extérieur et la plaque d'immatriculation en chiffres gothiques ou fraktur, pourtant abolie par Hitler en 1941.

LES 356 DE SÉRIE

[AVRIL 1950 - SEPTEMBRE 1955]

Ci-dessus.
La plate-forme technique telle qu'elle se présentait en 1950 lorsque la construction de la 356 fut transférée à Stuttgart-Zuffenhausen chez le carrossier Reutter auquel Porsche loue des locaux. Les enjoliveurs présentent un relief qui n'existe pas sur les modèles produits.

Lorsque les premiers modèles de la 356 furent mis en chantier à Gmünd, Ferry Porsche pensait qu'un total de 50 à 100 voitures suffirait à saturer le marché de ce type de modèle. La 500e Porsche 356 sortira d'usine le 21 mars 1951 et la 1 000e seulement six mois plus tard...

Lorsqu'elle fait son apparition sur le marché en 1949, la 356 est une sportive très à part. Elle n'a rien à voir avec les roadsters anglais, encore largement tributaire de l'avant-guerre, ni avec l'élégance frivole des GT italiennes qui commencent à fleurir. Ses lignes dépouillées ne renient pas leurs origines roturières et affirment d'emblée une personnalité sans détour, rien pour la frime tout pour l'efficacité. Les vrais amateurs ne s'y trompent pas et savent à quoi s'en tenir, cette sportive hors normes n'est pas faite pour les snobs en quête d'image, mais pour les vrais sportifs et la Porsche 356 s'illustre rapidement aux mains des conducteurs sportifs dans diverses épreuves. Son succès commercial, malgré un prix élevé (9 950 Deutsch Mark), arriva rapidement et, en peu de temps, les capacités de production de Gmünd avaient été complètement dépassées. D'autant que la distribution des Porsche repose sur un accord signé en septembre 1948 avec Volkswagen qui, outre la fourniture des éléments mécaniques, stipule que Porsche profitera du réseau Volkswagen pour la vente de ses voitures, ce qui va permettre de dépasser largement le cadre de la seule clientèle sportive des pilotes de compétition.

Porsche se vit donc assez rapidement contraint d'adopter une production de type industriel, plus rationnelle. Mais les locaux de Stuttgart-Zuffenhausen, placés sous séquestre par les Alliés à la fin de la guerre et officiellement restitués à Porsche au printemps 1950, servent encore de parking aux Américains et ne seront rendus qu'en 1955 et opérationnels seulement à partir de 1956. En attendant de pouvoir les récupérer, les voitures sont construites dans un atelier loué par Porsche à son voisin, le car-

Ci-dessous.
Le profil de la 356 n'a en apparence pas beaucoup évolué depuis les modèles produits à Gmünd. On a pourtant l'impression que les volumes sont à peine plus pleins avec des lignes légèrement plus tendues donnant un aspect moins « mou » à la voiture.

Ci-dessous.
En attendant le moteur 1300 qui apparaitra en avril 1951, le 1100 reste la seule motorisation proposée. Ce 1 086 cm^3 jusque-là alimenté par deux carburateurs Solex 32 PBI reçoit deux carburateurs Solex 26 VFJ en 1950.

Sur ce coupé « pré-A » typique de 1951, on voit le pare-brise en deux éléments, les clignotants décalés vers l'intérieur et non pas sous les phares. La poignée de capot concave, plus bombée et plus longue que celle des premiers modèles, n'est en principe apparue qu'à la mi-1952.

rossier Reutter. Les carrosseries en aluminium des 356 « Gmünd » font place à une carrosserie en acier dont le premier prototype fut construit par Reutter en mars 1950. La voiture conserve sa forme originale mais se distingue par quelques détails. Les déflecteurs de vitre avant bombés des modèles « Gmünd » disparaissent, remplacés par une vitre latérale plate sans déflecteur. De même, les baguettes métalliques de chaque côté de la plaque d'immatriculation avant sont supprimées. Le capot avant semble moins arrondi et le toit moins bas que sur les modèles autrichiens. Côté mécanique, le 1 086 cm^3, jusque-là alimenté par deux carburateurs Solex 32 PBI, reçoit deux carburateurs Solex 26 VFJ en 1950. La 356 est proposée en coupé et cabriolet. La plupart des

Ci-contre.
L'arrière se distingue, lui, par ses feux rectangulaires au-dessus des petits feux ronds. Les pare-chocs semblent solidaires de la carrosserie et se prolongent jusqu'au passages de roues, tant à l'avant qu'à l'arrière.

Ci-dessous.
Le profil respecte le dessin et montrent des ailes résolument plus tendues que les exemplaires produits à Gmünd. Le passage de roue arrière couvre toujours le haut de la roue. Les enjoliveurs sont pratiquement des sphères tronquées sans aucun relief.

Ci-contre.
Le tableau de bord est en tôle peinte, comme il était de tradition à l'époque. Le volant « guitare » blanc à trois branches avec son cerceau d'avertisseur chromé est lui aussi typique. On note la radio Blaupunkt d'origine au centre.

Ci-contre à droite.
La version 1300 de la 356 est apparue en avril 1951. Les 1 286 cm^3 font passer la puissance du quatre cylindres à plat de 40 à 44 ch au régime de 4 200 tr/mn. Le moteur est ici présenté nu, sans sa soufflante et son échappement.

cabriolets auraient au début été construits par Glaser à Ullesricht, seules les capotes étant fournies par Reutter. Signalons que les premières 356 étaient équipées d'une banquette avant et ne disposaient pas de sièges d'appoint à l'arrière. À l'avant des sièges séparés étaient proposés en option. Le volant à trois branches fut rapidement remplacé par un volant à deux branches.
La première voiture de série sort de chez Reutter le 9 avril 1950. La voiture et son pilote connurent un destin assez particulier. Elle finit tristement dans un accident de la circulation en août 1952, alors qu'elle affichait un peu moins 250 000 km, aux mains d'un ancien pilote de la Luftwaffe, Rolf Wütherich. Il s'en tira fort heureusement indemne. Mais quelque temps plus tard, c'est lui qui accompagnait James Dean, le 30 septembre 1955, lorsqu'il trouva la mort à bord de son Spyder 550 sur la route de Salinas, en Californie. Si Wütherich fut physiquement sérieusement blessé, il s'en tira et commença une carrière de copilote en rallye pour Porsche dans les années 1960. Mais il connut de sérieux problème psychiatriques, menacé par des fans de James Dean qui l'accusaient de l'avoir tué, certains témoins ayant affirmé que c'est lui qui conduisait le Spyder. Miné par les drogues et l'alcool, il assassina sa quatrième épouse en 1967 et finit dans un mur au volant de sa Honda en juillet 1981 à l'âge de 53 ans.
À la fin de l'année 1950, Porsche change de raison sociale et devient Dr Ing. h.c.F. Porsche KG, tandis que la société autrichienne d'origine cesse d'exister.

ÉVOLUTIONS

Les versions Speedster, mentionnées entre parenthèse dans les évolutions, sont détaillées dans les chapitres 9 et 10.

Gamme 1950 : 1100 (40 ch) - disponibles en coupé et cabriolet (Voir détails techniques ci-dessus).

L'année 1950 fut particulièrement importante pour les ventes. Au printemps 1950, Albert Prinzing (1911-1993), un ancien camarade d'école de Ferry Porsche et futur directeur des usines de tracteurs Porsche, qui était alors directeur commercial de la marque, se rendit à Wolfsburg chez Volkswagen au volant de l'une des premières 356 construites à Stuttgart pour la présenter aux concessionnaires Volkswagen qui étaient réunis là. Il y enregistra 37 commandes et surtout sensibilisa le réseau Vokswagen et ses représentants, comme Glöckler de Francfort (premier concessionnaire en Allemagne), Hahn à Stuttgart, Islinger à Mannheim, Krauss à Nuremberg et Mahag à Munich. Il noua également de fructueux contacts, notamment avec les représentants suédois et avec Ben Pon aux Pays-Bas. Signalons qu'en échange de la fourniture des pièces détachées nécessaires à la construction de la 356, l'accord signé à la mi-septembre 1948 avec Volkswagen

Ci-dessous.
Le premier cabriolet à conduite à droite, exposé au Salon de Melbourne en Australie en 1950. Porsche ne visait pas tant le marché des antipodes, mais celui de l'Angleterre qui allait devenir le second marché extérieur de la marque qui y fut d'abord importée par Connaught, puis à partir de 1954 par Frazer-Nash.

Ci-contre.
Ce cliché, daté du 4 octobre 1950, la veille de l'ouverture du Salon de l'Auto au Grand Palais à Paris, nous permet d'admirer un magnifique cabriolet millésime 1951 équipé de pneus à flancs blancs du plus bel effet. Le stand n'est pas tout à fait terminé et le capot de la voiture est ouvert.

Ci-contre.
On voit ici les feux arrière, le feu de signalisation rectangulaire et le clignotant rond, le feu stop unique étant logé dans le support d'éclairage de la plaque minéralogique. Les normes d'éclairage ont bien changé, inutile de préciser que la 356 est à peu près invisible de dos la nuit.

Ci-contre.
L'écusson Reutter ne figurait que du seul côté droit, au bas de l'aile avant. On y voit un cavalier sur un cheval à moitié cabré inscrit dans un cadre ovale sur fond jaune avec les inscriptions « Karrosserie » en réserve sur le fond noir en haut du cadre ovale et « Reutter Stuttgart » au-dessous.

Ci-dessous.
Cette vue permet de voir le traitement de la contre-porte, habillée de tissu avec un porte-carte en cuir. On remarque également la garniture du haut de porte en bois. La finition et les équipements restent globalement assez sommaires par rapport aux standards qui seront adoptés plus tard.

Ci-dessus.
Le carrossier belge d'Ieteren représentait Volkswagen depuis 1948 et sera importateur Porsche à partir de 1950. On reconnaît Roland D'Ieteren, futur président du groupe belge, penché à la portière de ce cabriolet 1951, doté de phares d'appoint et de pare-chocs export. Le carrossier construira des Convertible D à la place de Drauz au cours du millésime 1961.

Ci-dessus.
Ce cabriolet de 1953 permet de voir les nouveaux pare-chocs à butoirs chromés, plus épais et montés plus haut, détachés de la carrosserie qui ont fait leur apparition sur les modèles export en 1952. Ils sont destinés au marché américain et ne furent apparemment pas montés sur les 356 européennes.

stipulait que ce dernier pouvait exploiter librement tous les brevets Porsche concernant la « Coccinelle » et sa mécanique contre une modeste redevance de 5 DM par voiture produite. À l'époque, la redevance parut symbolique, mais au fur et à mesure que les cadences de production augmentèrent, « l'obole » contribua à la richesse de Porsche qui, en plus touchait une rétribution pour toutes les modifications apportées à la mécanique au fil des ans, via son bureau d'étude. C'est aussi ce dernier, par le biais de ses études pour ses nombreux autres clients extérieurs, qui contribua à la qualité technologique des Porsche. Les clients rémunéraient le bureau d'étude pour mettre au point leur moteur et la marque Porsche bénéficiait des avancées techniques apportées par le bureau d'étude pour ses clients, sans avoir à débourser le moindre Mark. Un aspect qui explique l'avantage de Porsche par rapport à d'autres constructeurs sportifs, comme Alpine, par exemple. La petite marque française dépendait du bon vouloir de Renault. Elle comptait sur les moyens artisanaux et les compétences empiriques de ses préparateurs attitrés, Amédée Gordini et Marc Mignotet, pour glaner quelques chevaux supplémentaires, mais ils ne pouvaient en aucun cas lui apporter la technologie suffisante pour mettre au point son propre moteur.

Gamme 1951 : 1100 (40 ch), 1300 (44 ch) - disponibles en coupé et cabriolet.

En avril 1951, une version 1300 (1 286 cm^3), disponible en coupé et cabriolet, est présentée. Les 1 286 cm^3 font passer

Ci-contre.
Ce coupé est lui aussi équipé de pare-chocs « export » à butoirs dont on peut mieux apprécier l'extrémité « carrée ». Derrière à gauche, un coupé doté du pare-choc normal, qui permet de bien apprécier la différence très sensible. On note le pare-brise encore en deux parties.

Ci-contre.
Ce coupé canadien de 1952 est lui aussi équipé des pare-chocs « export », vraisemblablement réservé aux seul marché nord-américain, mais il est déjà doté d'un pare-brise d'un seul tenant sans montant central et de roues ajourées. On appréciera l'aspect très lisse de la voiture.

la puissance de 40 à 44 ch à 4 200 tr/mn. Les 1100 et 1300 reviennent aux freins avant Duplex à ailettes. À partir de cette date, les glaces de custodes sont ouvrantes, améliorant considérablement l'aération de l'habitacle, un problème récurrent.

Ci-contre.
À l'arrière, les pare-chocs « export » enveloppent bien la carrosserie sans aller jusqu'au passage de roue. Les nouveaux pare-chocs montés sur tous les modèles pour le millésime suivant seront plus courts avec des extrémités plus arrondies.

Gamme 1952 : 1100 (40 ch), 1300 (44 ch), 1500 (60 ch) - disponibles en coupé et cabriolet (+ roadster America).

Pour le millésime 1952, en octobre 1951, une 1500 de 60 ch vient enrichir la gamme. Elle conserve l'alésage de 80 mm de la 1300 mais la course, allongée de 64 à 74 mm, porte la cylindrée totale à 1 488 cm^3 et permet à la 1500 de délivrer 60 ch à 4 400 tr/mn. Elle vise les clients sportifs et exigeants avec ses arbres à cames sport et ses bielles sur roulements à rouleaux. Avec l'arrivée du modèle 1500, apparaissent quelques modifications, qui sont valables également pour les 1100 et 1300. La plus facile à repérer est le pare-brise, toujours plié en son centre, mais désormais d'une seule pièce, sans montant central, ce qui améliorait considérablement la visibilité, mais restait encore très perfectible en raison des déformations engendrées par la pliure centrale. On avait préféré cette solution au pare-brise galbé qui aurait obligé à modifier le toit et l'auvent pour épouser la courbure d'un pare-brise arrondi. En fait, il se pourrait que ce nouveau pare-brise en V sans montant n'ait fait son apparition qu'au début de l'année 1952, donc bien après le passage au millésime 1952 qui eut lieu en juillet 1951. On note aussi les roues à voile ajouré pour améliorer le refroidissement des freins. De nouveaux pare-chocs à butoirs chromés, plus épais et montés plus haut, détachés de la carrosserie font leur apparition sur certains modèles. Ils sont apparemment destinés au marché américain et aux modèles export et sont parfois baptisés « intérim ». Signalons la construction de 16 roadsters America, ancêtres du futur Speedster, à la demande de l'importateur en Amérique Max Hoffmann, traité plus loin dans les pages 78 à 91 consacré au Speedster.

C'est en 1952 que Porsche commença l'étude d'un blason à la demande des concessionnaires – et probablement aussi des clients – auxquels le seul nom Porsche sur la carrosserie ne suffisait pas. Deux écussons furent mis en concurrence, celui de la Bohême, province natale de Ferdinand Porsche, et celui de Stuttgart où étaient construites les Porsche et où se trouvait désormais le siège de la société. Ce dernier fut choisi et associé aux armes du Land de Wurtemberg dont Stuttgart est la capitale. Il est intéressant de constater que les armoiries de Stuttgart, au centre de l'écusson Porsche, représentent un petit cheval cabré - Stuttgart était célèbre pour ses haras - qui est, comme celui de Ferrari, anglaisé, c'est-à-dire que le muscle rabatteur de la queue a été coupé. En principe un cheval non anglaisé se cabre avec la queue entre les pattes arrière et non pas avec la queue dressée. L'écusson Porsche fut finalisé par le directeur de la publicité Herr Lepper et Franz Xaver Reimspiess, un ingénieur du bureau d'étude, compagnon de longue date de Ferdinand Porsche. Jusqu'en 1957, cet emblème ne figurera qu'à l'intérieur de la voiture sur le moyeu du volant, avant d'être repris sur la poignée de coffre avant.

Ci-dessous.
Le minuscule stand Porsche du Salon de l'Auto en septembre 1953 parait bien encombré. On reconnaît un spyder 550, en haut à gauche, un coupé sans montant central de pare-brise dotés des nouveaux pare-chocs et des clignotants sous les phares, et un cabriolet. Sur la table ce qui semble être une boîte de vitesses.

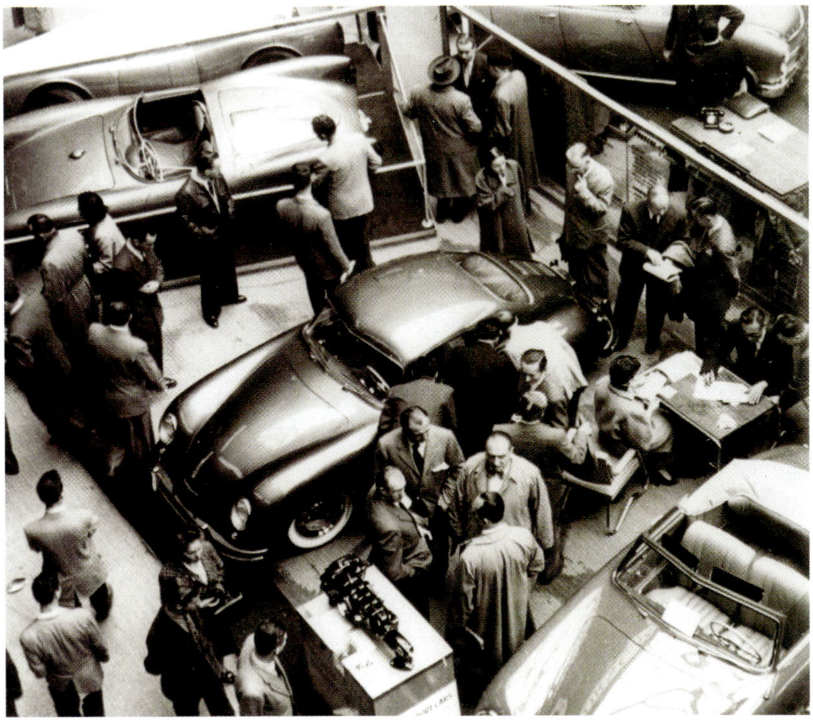

Ci-contre.
À partir du millésime 1953, la capote du cabriolet (ici un modèle 1954) a vu sa lunette arrière sensiblement agrandie pour améliorer la visibilité et diminuer l'impression de claustrophobie. On note les nouveaux pare-chocs de série bien plus courts et moins enveloppants que les « export ».

Page suivante.
Ce coupé de 1953, immortalisé devant le portail royal de la façade ouest de la cathédrale de Chartres, permet de voir les nouveaux pare-chocs adoptés par toutes les 356 en 1953, plus courts que les pare-chocs « export » tant à l'avant qu'à l'arrière.

Ci-contre.
Le tableau de bord redessiné rappelle fortement le précédent. On remarque le volant à deux branches avec le nouvel écusson Porsche mariant les armes de Stuttgart et celles du Land de Wurtemberg sur le moyeu du volant et la radio Telefunken, au centre.

Gamme 1953 : 1100 (40 ch), 1300 (44 ch), 1500 Dame (55 ch), 1500 S (70 ch) - disponibles en coupé et cabriolet.

Pour le millésime 1953, à partir d'août 1952, la gamme s'enrichit d'une 1500 S équipée du moteur type 528 de 70 ch emprunté au roadster America, tandis que, simultanément, la 1500 tout court passe à 55 ch, perdant 5 ch par réduction du taux de compression, et prend l'appellation de 1500 Dame (type 546). C'est sur ce modèle qu'apparaît le vilebrequin forgé à paliers lisses Alfinger aux cotes différentes (course de 74 mm). Tous les modèles reçoivent des tambours de freins de plus grandes dimensions et surtout une nouvelle boîte de vitesses. C'est une boîte à synchronisation assistée par bagues (type 519) mise au point par Leopold Schmid, le responsable du développement des moteurs et transmissions, qui fera plus tard parler de lui avec son projet de voiture à turbine de record. La boîte conçue par Schmid, qui a fait l'objet d'un brevet Porsche et que Ferry Porsche et Karl Rabe avaient utilisée sur la Cisitalia Grand Prix qu'ils avaient construite pour Piero Dusio en 1947, est construite en série par Getrag. Côté carrosserie, à l'arrière, deux feux ronds côte à côte remplacent le feu rond surmonté d'un feu rectangulaire des précédents modèles, tandis qu'à l'avant, les clignotants sont désormais sous les phares et non plus décalés vers l'intérieur. Le tableau de bord est redessiné et la capote du cabriolet est désormais dotée d'une lunette arrière plus grande. De nouveaux pare-chocs à butoirs chromés, plus épais et montés plus haut, détachés de la carrosserie, mais différents de ceux des modèles export de 1952, sont installés sur tous les modèles. Ils sont légèrement moins épais et moins enveloppants que les export, surtout à l'arrière, et sont plus arrondis à leurs extrémités. Côté confort, les équipements et l'insonorisation sont améliorés. Des essais ont été menés pour remplacer l'essieu d'origine Volkswagen, mais, peu concluants, ils ont finalement été abandonnés et l'essieu Volkswagen conservé.

Gamme 1954 : 1100 (40 ch), 1300 S (60 ch), 1500 Dame (55 ch), 1500 S (70 ch) - disponibles en coupé et cabriolet.

Pour l'année-modèle 1954, à partir de septembre 1953, la 1300 devient 1300 S et reçoit un nouveau moteur doté d'un vilebrequin Hirth à roulements à rouleaux qui sera plus tard fabriqué par Porsche. Il reprend la course de 74 mm du 1500, au lieu des 64 du 1300, et voit son alésage diminuer, passant de 80 à 74,5 mm. Les

Ci-contre.
La version 1300 S apparaît pour le millésime 1954. Le quatre cylindres (présenté ici culasse ouverte) reprend la course de 74 mm du 1500, au lieu des 64 mm du 1300, voit son alésage réduit de 80 à 74,5 mm et reçoit un vilebrequin Hirth à roulements à rouleaux. Les 1290 cm³ fournissent 60 ch à 5 500 tr/mn.

Ci-contre.
Le tableau de bord d'un modèle 1954, ici un cabriolet. La seule différence tient au rétroviseur au-dessus de la radio au lieu d'être arrimé au pavillon comme sur le coupé. Il coulisse sur une tige métallique. On notera les essuie-glace à mouvement parallèle. La radio est occultée par un cache siglé Porsche.

Ci-contre.
Un superbe coupé 1500 de 1955 avec ses grilles de klaxon intégrant les clignotants. On remarque la poignée de coffre avant qui changera au millésime suivant. En revanche, il n'a pas de butoirs sur ses pare-chocs de série, bien plus courts que les « export » de 1952, et arbore un petit rappel de clignotant devant la portière.

Ci-dessus.
Le pare-chocs arrière montre la même absence de butoirs. Depuis 1954, les 356 sont dotées de feux de signalisation arrière rectangulaires sous les deux petits feux ronds, le clignotant et le stop, car le feu stop, précédemment logé dans le support d'éclairage de la plaque d'immatriculation, a en effet été remplacé par un phare de recul.

1290 cm^3 délivrent 60 ch à 5 500 tr/mn. C'est en principe à partir de 1953 que l'écusson Porsche mariant les armes de Stuttgart et celles du Land de Wurtemberg apparait sur le moyeu du volant des 356. À partir de 1954, le feu stop, précédemment logé dans le support d'éclairage de la plaque d'immatriculation, est remplacé par un phare de recul. Deux feux stop ronds prennent la place des feux de signalisation, désormais rectangulaires et reportés sous les deux feux ronds. La dernière 1100 quitte Zuffenhausen à la fin de l'année-modèle et disparaît de la gamme, après avoir été produite à 4 539 unités, toutes versions confondues.

Gamme 1955 : 1300 A (44 ch), 1300 S (60 ch), 1500 Dame (55 ch), 1500 S (70 ch) - disponibles en coupé, cabriolet (+ Speedster).

Pour le millésime 1955, à partir de septembre 1954, la « pré-A » reçoit des grilles sous les phares intégrant le clignotant et masquant le klaxon, qui permettent de reconnaître instantanément les modèles 1955 des précédents modèles. La 1100, supprimée fin 1954, est remplacée par une 1300 A qui fait son apparition aux côtés de la 1300 S pour remplacer la 1100 en bas de la gamme. Celle-ci partage les mêmes cotes que la 1300 S, mais avec son taux de compression de 6,5:1 (contre 8,2:1 pour la S), elle ne développe que 44 ch à 4 200 tr/mn. Elle est avant tout destiné au tourisme. Tous les modèles 1955 reçoivent un carter moteur en trois éléments à la place du carter monobloc Volkswagen.

En septembre 1954, la Gamme 55 s'est enrichie d'une nouvelle proposition de carrosserie, le Speedster qui vise le marché américain (voir pages 78 à 91). Il est doté d'un pare-brise arrondi très bas et sa construction est assurée par Reutter. C'est également à partir de 1955 que les premiers coupés 356 seront construits dans les locaux Porsche de Zuffenhausen enfin opérationnelle, et non plus chez Reutter. C'est donc la dernière année de la 356 « pré A » qui s'éloigne de plus en plus de la Volkswagen et qui va céder la place à la 356 A au mois de septembre 1955, pour le millésime 1956.

Production

De novembre 1948 à septembre 1955, il aura été produit 9 920 Porsche 356 « pré-A » toutes versions confondues, y compris la cinquantaine de 356 « Gmünd » coupés et cabriolets en aluminium. On compte en tout 16 roadsters America, 5 149 coupés, 2 799 cabriolets et 1 900 Speedster, toutes versions et cylindrées confondues.

Page suivante.
Ferry Porsche, tout sourire, fête la sortie de la 5 000e Porsche 356 le 15 mars 1954 avec une partie du personnel de Stuttgart. La 500e Porsche 356 était sortie d'usine le 21 mars 1951 et la 1 000e en août 1951. Le rythme de production ne cessait de croître.

Ci-contre.
Un coupé de l'année-modèle 1955 avec la nouvelle poignée de coffre avant plus longue et plus large montrant l'écusson Porsche à son extrémité. Ce coupé a un pare-chocs complet avec ses butoirs qui ont été imposés par le marché américain.

Ci-contre.
Cette publicité, pour les transmissions Getrag de Ludwigsburg, montre un coupé modèle 1955. On voit également la disposition des rapports sur la grille en H avec la marche arrière à gauche en avant. La main féminine suggère la douceur des changements de rapports.

5000

LES 356 A

[SEPTEMBRE 1955 - SEPTEMBRE 1959]

Ci-dessus.
Sur ce dessin de la 356 A, on reconnaît la silhouette typique de la 356 « pré-A » avec laquelle elle présente finalement assez peu de différences, les plus flagrantes étant le pare-brise bombé à la place du pare-brise en V et la planche de bord.

Ci-dessous.
Ce magnifique exemplaire de 356 A millésime 1956 arbore un rétroviseur extérieur à gauche qui n'était apparemment pas monté en série. De nombreuses photos d'époque en montrent pourtant, mais la plupart du temps installés sur la carrosserie, juste devant l'antenne, et non pas sur la portière.

La 356 A, est présentée officiellement au 37e Salon de Francfort le 22 septembre 1955. En atteignant sa maturité, la 356 s'émancipe de ses origines populaires et s'éloigne définitivement de la Volkswagen.

Elle entre dans une phase de plus en plus industrielle et se donne les moyens de ses nouvelles ambitions. La 356 A marque un net progrès, tant technique qu'esthétique, par rapport à la 356 tout court, souvent dite « pré-A » pour lever toute ambiguïté. Sa carrosserie en acier (type T1) est soudée à la plate-forme et sa longueur avec les nouveaux pare-chocs est de 3950 mm (on trouve aussi parfois 3940 mm), tandis que l'empattement, la largeur et la hauteur ne changent pas. Sans renoncer à un certain dépouillement fonctionnel, elle s'affine et devient plus désirable, tout en restant une voiture de connaisseur. La différence entre la première 356 A et la dernière 356 « pré-A » est moins marquée qu'entre les dernières « pré-A » et les 356 « pré-A » sans grille de klaxon sous les phares. Malgré ses similitudes avec la dernière 356 « pré-A » de 1955, la 356 A présente pourtant plusieurs différences esthétiques majeures avec celle-ci. La plus notable est probablement le pare-brise galbé, qui remplace le pare-brise en V. Lorsque la 356 était apparue, la technique du verre galbé existait déjà puisque la Chrysler Airflow en avait fait usage dès 1934, mais elle était encore bien trop chère pour être adoptée sur une voiture construite en si petite série. Lorsque le pare-brise en deux parties avait été abandonné en début d'année 1952, on avait conservé la pliure centrale par économie, pour éviter d'avoir à modifier la carrosserie pour l'adapter au galbe d'un pare-brise arrondi. À l'extérieur, des baguettes caoutchoutées, empruntées au Speedster, font leur apparition sur les bas de caisse. Porsche fut aussi à l'époque la première marque à installer un lave-glace en série sur la 356 A. Il était en réalité déjà présent sur une majorité de 356, du fait de son aérodynamique qui canalisait les gerbes d'eau vers le pare-brise en réduisant considérablement la visibilité. Le lave-glace était commandé

De profil, la différence la plus remarquable par rapport à la 356 est la baguette caoutchoutée sur le bas de caisse. Une particularité qui n'appartenait jusque-là qu'au Speedster. Le château de Chambord semble un décor tout à fait approprié.

Ci-dessus.
Vue de l'arrière, en dehors de la baguette latérale de bas de caisse, rien ne permet de distinguer la 356 A de la dernière 356, y compris les lettrages entre la plaque minéralogique et la grille du moteur, sauf s'il s'agit d'une 1600 ou d'une 1600 S, les deux nouvelles variantes mécaniques.

Ci-contre.
À l'intérieur, on reconnaît immédiatement la 356 A à son bourrelet au-dessus du tableau de bord, dicté par l'adoption du nouveau pare-brise courbe. Le compteur de vitesse est à gauche sur les premières 356 A, il passera à droite après mars 1957, le compte-tours restant toujours au centre.

Ci-dessus.
Si le nom du modèle, 356, ne figurait nulle part, la cylindrée était en revanche clairement indiquée à l'arrière, sous le nom de la marque Porsche. La 1600 S se différenciait par l'inscription Super en toutes lettres (d'où le S) au-dessous de la cylindrée.

par une pompe à pied. À l'intérieur, au-dessus du tableau de bord, un bourrelet caoutchouté rembourré de crin et recouvert de simili cuir fait son apparition, ainsi que trois gros cadrans, un allume-cigare et une poignée de maintien pour le passager, à droite de la boîte à gants. On note aussi, parmi les nouveaux aménagements, la commande chauffage qui passe du tableau de bord au tunnel de transmission, derrière le levier de vitesses, les conduits d'air du chauffage à fermeture par coulisse, le frein à main à gauche de la colonne de direction et les clignotants à arrêt automatique. Allume-cigare, cendrier, sièges-couchettes, banquette arrière d'appoint avec dossier basculant pour accueillir les bagages sont installés en série. La radio étant proposée en option, une plaque occulte son emplacement, si le client ne la commande pas. Les trois formes de carrosseries, coupé, cabriolet et Speedster sont reconduites sur la 356 A.

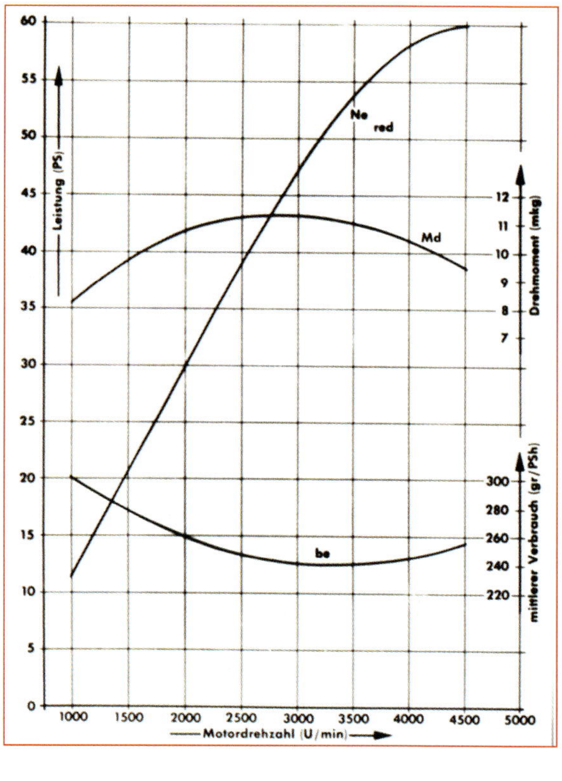

Ci-contre, à droite.
Ce diagramme du nouveau moteur 1600 montre clairement que les 1 582 cm^3, (obtenus par augmentation de l'alésage de 2,5 mm) permettent désormais d'atteindre 60 ch à 4 500 tr/mn, contre 55 ch pour le 1500 des pré-A de 1955. Le 1600 S procurait lui 75 ch à 5 000 tr/mn contre 70 ch précédemment pour le 1500 S.

Ci-contre.
Le coffre avant abrite toujours le réservoir, juste devant le pare-brise et la roue de secours qui a été repositionnée pour dégager un peu plus d'espace pour les bagages. La trousse à outils d'époque fait partie des accessoires très recherchés pour compléter un modèle d'origine.

Mécaniquement, le train roulant reçoit de nombreuses modifications. Deux barres de torsions, de section carrée à l'avant et sur toute la largeur et deux autres, de section circulaire à l'arrière, avec de nouveaux réglages d'amortisseurs, viennent améliorer de façon notable le comportement routier. De plus, on note un élargissement des voies avant, de 1 290 à 1 306 mm, et arrière, de 1 250 à 1 372 mm. Les freins hydrauliques Teves de 280 mm de diamètre remplacent les ATE et la transmission de la 356 A est assurée par une boîte Porsche à quatre rapports, tous synchronisés, entièrement nouvelle. Côté moteur, on trouve le carter en trois parties introduit l'année précédente et, grande nouveauté, une fonderie moteur, culasse et pistons compris, en alliage léger.

La gamme se compose toujours des 1300 et 1300 S de la précédente série mais voit disparaître la 1500 au profit de deux versions 1600 et 1600 S. L'annonce de l'abandon de la catégorie sport de 1 100 cm³ par la FIA s'accompagnait du passage de la catégorie 1 500 cm³ à 1 600 cm³. Porsche profita de ce nouveau règlement pour améliorer les performances du 4 cylindres et obtenir l'homologation dans cette nouvelle cylindrée. Les 1 582 cm³, obtenus par augmentation de l'alésage de 2,5 mm, permettent d'atteindre respectivement 60 ch à 4 500 tr/mn sur la 1600 et 75 ch à 5 000 tr/mn sur la 1600 S (contre 55 et 70 ch précédemment pour les 1500 et 1500 S). La grande nouveauté de la gamme c'est bien sûr la 356 Carrera, équipée du moteur 1500 GS à quatre arbres à cames en tête de 100 ch (voir pages 70 à 77).

Ci-dessus. Deux coupés 356 A, apparemment des modèles 1957, tous deux équipés des très coûteuses options roues Rudge chromées à serrage central avec l'enjoliveur à « téton », orné du sigle Porsche. Celle de gauche reçoit également les barres de protection sur le pare-chocs, proposées outre-Atlantique à partir du milieu de 1956.

Ci-contre. La 10 000e Porsche, sortie de chaîne le 12 mars 1956, était une 356 A bleu métallisé et on en a profité pour célébrer le 25e anniversaire de la fondation du bureau d'étude en mars 1931. Comme il est de tradition chez Porsche, on fête dignement l'événement avec le « patron » Ferry Porsche, à gauche.

ÉVOLUTIONS

Les versions Speedster et Carrera, mentionnées entre parenthèse dans les évolutions, sont détaillées dans les pages 70 à 91.

Gamme 1956 : 1300 (44 ch), 1300 S (60 ch), 1600 (60 ch), 1600 S (75 ch) (et Carrera 1500 GS 100 ch) - disponibles en coupé, cabriolet (+ Speedster). (Voir détails ci-dessus).

L'année 1956 est une année très satisfaisante pour Porsche. C'est en effet cette année-là que l'usine n°1, qui a vu sa décision de séquestre levée en 1955, permet à Porsche d'installer aussitôt le service expérimentations et réparations, le bureau de construction et les services financiers à Zuffenhausen. C'est également en 1956, que l'on fête le 25e anniversaire du Dr. Ing. h. c. F. Porsche G.m.b.H., Konstructionbüro für Motoren-Fahrzeug-Luftfahrzeug und Wasserfahrzeugbau, autrement dit le bureau d'étude Porsche, fondé le 16 mars 1931 par Ferdinand Porsche à Stuttgart. Le 12 mars 1956, une fête est organisée à l'occasion de la sortie de la 10 000e Porsche, une 356 A bleu métallisé, et l'on en profite pour associer le 25e anniversaire à cet événement auquel tout le personnel Porsche est convié. Il faut également y ajouter un élément moins prestigieux mais qui contribua néanmoins à enrichir Porsche, la création d'une nouvelle société, Porsche Diesel Motorenbau GmbH, vouée à la construction des tracteurs Porsche dans l'ancienne usine Dornier de Friedrichshafen où ils étaient jusque-là construits par Allgaier. Porsche se sépara de cette filiale en 1963 quand Porsche Diesel Motorenbau fut racheté par Renault pour diffuser ses propres tracteurs en Allemagne. On se souvient que les tracteurs agricoles avaient déjà sauvé Porsche de l'inactivité à la fin de la Seconde Guerre mondiale à Gmünd. Notons aussi que les premières Porsche de police furent livrées à la police allemande en 1956. La 356 fut également adoptée par la suite par les polices suisse, suédoise, finlandaise, japonaise et hollandaise.

Gamme 1957 : 1300 (44 ch), 1300 S (60 ch), 1600 (60 ch), 1600 S (75 ch) (et Carrera 1500 GS de luxe 100 ch et 1500 GS Gran Turismo 110 ch) - disponibles en coupé, cabriolet (+ Speedster). La nouveauté la plus flagrante de l'année-modèle 1957 apparaitra en mars avec la présentation de la carrosserie T2. Les modification les plus visibles concernent l'éclairage arrière avec

Ci-dessus.
Ce magnifique coupé de la fin 1957, photographié dans la cour du château de Blois, est doté des baguettes chromées du Speedster qui étaient proposées en option sur les autres modèles. Il arbore également le nouveau logotype Reutter au bas de l'aile droite et des phares d'appoints sur le pare-chocs.

Page suivante.
On voit clairement le nouvel agencement de l'éclairage arrière. Les feux en goutte d'eau, apparus en mars 1957, regroupent les feux de signalisation, les clignotants et les feux stop, tandis que l'éclairage de la plaque minéralogique se trouve désormais au-dessous et non plus au-dessus de la plaque.

Ci-contre.
De l'avant, le cabriolet ne présente aucune particularité, hormis les déflecteurs dont le coupé est, lui dépourvu, et qu'il ne recevra qu'avec l'apparition de la 356 B en septembre 1959.

Ci-dessous.
Ce cabriolet de 1957 montre plusieurs nouveautés, dont les nouveaux feux en amande adoptés depuis mars, mais aussi les sorties d'échappement, logées dans les butoirs de pare-chocs et la nouvelle capote avec sa lunette arrière encore agrandie, débordant largement sur les côtés.

800 EVW 75

Ci-desus.
Gros plan sur les détails qui font la différence. Les feux en amande sont doublés de catadioptres au-dessous. L'immatriculation de la plaque se fait désormais par en-dessous et les butoirs de pare-chocs reçoivent les sorties d'échappement, ce qui a permis de gagner quelques centimètres supplémentaires de garde-au-sol.

Ci-dessous.
Ce cabriolet de 1957, avec ses nouveaux déflecteurs de vitre avant qui améliorent sensiblement l'aération de l'habitacle, est équipé d'enjoliveur normaux, les variantes « tétons » n'étant proposés qu'en option.

l'apparition de feux en amande regroupant feux de signalisation, clignotants et stop, tandis que l'éclairage de la plaque minéralogique se trouve désormais au-dessous et non plus au-dessus de la plaque. D'autre part, toujours à l'arrière, on note les sorties d'échappement passant par les butoirs de pare-chocs, une manière élégante d'augmenter la garde au sol. Des déflecteurs font leur apparition sur les vitres latérales du cabriolet pour améliorer la ventilation de l'habitacle et optimiser le désembuage par temps humide. Côté mécanique, la direction à vis et écrou est remplacée par un boîtier à un doigt système ZF et l'adoption d'une boîte de vitesses améliorée (type 644) avec carter en aluminium d'un seul tenant. À l'intérieur, les sièges prennent une forme plus anatomique offrant un meilleur maintien et le plancher a été renforcé au point d'ancrage des ceintures de sécurité. Les portières sont dotées d'un système de retenue pour les maintenir ouvertes et empêcher une fermeture intempestive. Des jantes chromées Rudge, à fixation centrale, et un hardtop pour le cabriolet et le Speedster sont désormais disponibles en option. En cours de millésime 1957, on note la disparition des modèles 1300 et 1300 S qui ne sont pas remplacés. Les 1600 et 1600 S assurent seules la gamme tourisme, une

Ci-dessus.
Les enjoliveurs « tétons », d'abord montés en série sur les 1600S et sur les Carrera de Luxe, étaient seulement proposés en option sur les autres modèles de la gamme 356 qui conservaient sinon les enjoliveurs complètement lisses.

nouvelle version compétition, baptisée Carrera GT s'adressant aux plus sportifs.

Gamme 1958 : 1600 (60 ch), 1600 S (75 ch) (et Carrera 1500 GS de luxe 100 ch et 1500 GS Gran Turismo 110 ch) - disponibles en coupé, cabriolet (+ Speedster).

En septembre 1957, pour le millésime 1958, la vitre arrière de capote du cabriolet et du Speedster gagne quelques cm^2, améliorant ainsi la visibilité. Des enjoliveurs de roues à « tétons » sont montés en série sur les 1600 Super et sur les Carrera de Luxe, mais seulement proposés en option sur les autres modèles qui conservent les enjoliveurs lisses. Côté mécanique, la circulation d'huile est perfectionnée, grâce à un nouveau carter, et l'alimentation est assurée par des carburateurs double corps inversés Zenith 32 NDIX à la place des Solex BPJ. La transmission est, elle aussi, améliorée par l'utilisation d'un embrayage monodisque à diaphragme facilitant les changements de rapports, nettement

plus agréable qu'avec l'ancien embrayage monodisque à sec. 1958 sera la dernière année de fabrication du Speedster, remplacé par le Convertible D au Salon de Paris, en septembre 1958 (voir pages 78 à 91).

Gamme 1959 : 1600 (60 ch), 1600 S (75 ch) disponibles en coupé, cabriolet (+ Convertible D. (Les Carrera 1600 GS de luxe 105 ch et 1600 GS Gran Turismo 115 ch, sont désormais uniquement proposés en coupé).

À partir de septembre 1958, les porte-fusées sont renforcés sur toutes les 356 A. La nouveauté la plus importante de la gamme 1959 concerne bien sûr le convertible D, fabriqué par Drauz qui remplace le Speedster. Il reprend les lignes essentielles et le fameux jonc chromé à hauteur des poignées de portes, mais perd un peu de sa personnalité avec son pare-brise plus haut et moins arrondi. En revanche, il gagne en confort avec ses vitres latérales descendantes qui remplacent les panneaux latéraux amovibles et la lunette arrière de capote qui gagne également en surface. À l'intérieur, les sièges baquets font place à des sièges de série rembourrés. La différence avec le cabriolet s'amenuise sensiblement et le Speedster y perd beaucoup de son intérêt. Alors qu'il avait un temps attiré les pilotes, le Speedster, un peu moins aérodynamique que le coupé mais dont le rapport poids/puissance était au début plus favorable, avait été petit à petit délaissé pour les versions coupé de la Carrera, de plus en plus efficaces et surtout plus rigides pour encaisser les nouvelles contraintes liées à l'augmentation de la puissance qui gommait facilement l'avantage de poids, surtout sur les versions Gran Turismo dont l'allègement était porté au maximum. De ce fait, les motorisations double arbre de la Carrera 1600 GS de luxe 105 ch et 1600 GS Gran Turismo 115 ch, sont désormais uniquement disponibles sous forme coupé et ne sont plus proposées sur le Speedster et le cabriolet à partir du millésime 1959 (pour plus de détails se reporter au chapitre 10 consacré au Speedster). La fabrication de la 356 A prend fin en septembre 1959 pour laisser place à la 356 B.

Production

De septembre 1955 à septembre 1959, il fut produit un total de 21 045 Porsche 356 A. Parmi elles, on compte 12 726 coupés, 3 367 cabriolets, 2 922 Speedster, 1 330 Convertible D et 700 Carrera, tous modèles et toutes cylindrées confondus.

De 1948 à 1956, il n'avait été construit que 9 910 Porsche 356 « pré-A », soit moins de la moitié. La production cumulée des 356 « pré A » et 356 A est de 30 955 exemplaires, depuis l'origine de la marque.

Ci-dessus.
Cette magnifique 356 A 1600 Super de 1958 est équipée de ses enjoliveurs « tétons » avec l'écusson Porsche de série, de barres de protection sur le pare-chocs (on aperçoit celles de l'arrière), d'un jonc chromé « Speedster » et d'un toit ouvrant. Difficile de faire plus complet.

Ci-contre.
Réception de deux modèles allemands emblématiques, une Porsche 356 A et une Volkswagen, sur l'aéroport de New York en 1958, au sortir du cargo de la Panam. La plaque de la Porsche indique « dealer », concessionnaire.

LES 356 B

(SEPTEMBRE 1959 - JUILLET 1963)

Ci-dessus.
De profil, on reconnaît toujours les nouveaux clignotants avant plus pointus, mais on peut aussi remarquer les déflecteurs de vitre avant, les butoirs redessinés, ainsi que le montant de custode plus mince, du fait de l'agrandissement de la lunette arrière.

C'est en septembre 1959, pour le traditionnel Salon de Francfort, qu'est dévoilée la 356 B qui est donc un modèle 1960. Elle arbore la nouvelle carrosserie T5 (il n'y eut pas de carrosserie T3 ni de T4, ces évolutions ayant été refusés).

Il s'agit d'un renouvellement esthétique et technique majeur par rapport aux 356 et 356 A. Extérieurement, la 356 B apparaît immédiatement comme une voiture différente. Aucune hésitation, on ne peut plus la confondre avec l'une des dernières 356 A. L'allure générale est plus moderne, les lignes plus nerveuses et l'aspect lisse et dépouillé de gros jouet, si caractéristique des 356 de la première génération, a complètement disparu. On ne parle même plus des lointaines origines Volkswagen. Les seuls éléments Volkswagen qui subsistent sur la 356 B sont les deux biellettes de suspension arrière et le carter de différentiel. La qualité de la production est un souci de première importance chez Porsche et les contrôles se sont multipliés. 56 personnes sur les 255 de la division mécanique veillent au contrôle de la qualité, tandis que 1 250 ouvriers travaillent à l'assemblage.

Les différences les plus notables concernent les phares, montés plus haut, qui donnent aux ailes avant une ligne plus tendue, et les pare-chocs, eux aussi installés plus haut, arborant un aspect plus fin et plus enveloppant avec un important retour sur les flancs. On se souvient que, par le passé, les premières 356 avaient déjà reçu de nouveaux pare-chocs en 1952 sur les modèles Export (adoptés par toute la gamme par la suite) à la demande de la clientèle américaine. Cette fois ils sont montés plus haut, pour être à hauteur de ceux des modèles américains et offrir ainsi une meilleure protection. Ces deux modifications essentielles ont permis un dessin moins plongeant du capot avant, modernisant considérablement la ligne générale. Sous le

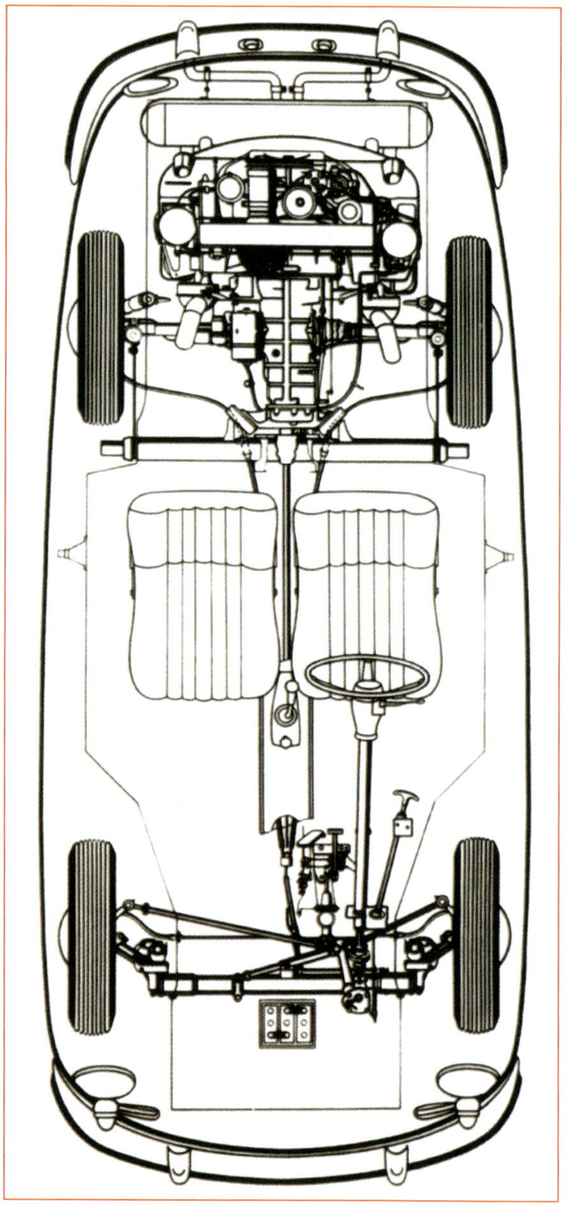

Ci-contre.
Sous cet angle, peu de choses permettent de distinguer la B de la A, en dehors des détails comme les clignotants proéminents à l'avant et leur grille que l'on distingue, tout comme le volant désormais légèrement tulipé. L'implantation générale reste la même.

Ci-dessus.
La 356 A, à gauche, et la 356 B, à droite. La B montre des volumes bien plus modernes et a perdu le côté gros jouet arrondi. Grilles de klaxon, clignotants, butoirs, pare-chocs plus fins et plus hauts, poignée de capot plus large apparaissent distinctement.

Ci-contre.
Les jantes « tétons » sont désormais montées en série sur toute la gamme. Tous les détails caractérisant l'avant de la 356 B apparaissent ici clairement, à l'exception des ouïes d'aération sous le pare-chocs au niveau des phares.

pare-chocs avant, apparaissent des prises d'air ovales au-dessous des phares, destinées à améliorer la ventilation des nouveaux freins à tambour à ailettes en alliage léger. Des modifications de détails, comme les grilles de klaxon simplifiées autour des clignotants avant, les butoirs de pare-chocs au dessin plus moderne, le pare-brise et la lunette arrière agrandis et la poignée de coffre avant, au dessin plus sobre, contribuent encore à l'impression de modernité qui se dégage de l'ensemble. Les enjoliveurs de roues à « tétons » sont désormais montés en série sur toute la gamme (en principe les enjoliveurs des nouvelles 356 Super arboraient un écusson Porsche au centre, contrairement aux autres 1600). Des déflecteurs, déjà vu sur les cabriolets A, font leur apparition sur la vitre latérale du coupé pour améliorer l'aération et surtout éliminer la buée de l'habitacle par temps de pluie, secondés à l'arrière par un système de désembuage de la lunette. Un nouveau volant en tulipe et des sièges avant encore améliorés, ainsi qu'une banquette arrière en deux éléments rabattables complètent la modernisation de l'habitacle.
Côté carrosseries, on retrouve le coupé et le cabriolet, épaulés par le Roadster, en fait le convertible D rebaptisé. On ignore pourquoi il fut rebaptisé car il est toujours construit chez le carrossier Drauz qui lui valait son nom de

Ci-contre.
Si l'écusson Porsche ne change pas, la poignée de capot avant adopte en revanche un dessin complètement différent, plus moderne. Il est étrange de constater que le petit cheval cabré au centre, est, comme celui des Ferrari, anglaisé, c'est-à-dire que le muscle rabatteur de la queue a été coupé.

Ci-contre.
À l'intérieur, les sièges ont été redessinés et ont un dossier moins épais pour dégager plus de place à l'arrière. On voit ici le nouveau volant « tulipé », le reste du tableau de bord ne montrant pas de différence avec celui des 356 A. La clé de contact est à gauche, une tradition Porsche.

Convertible D. En dehors des nouvelles modifications à la carrosserie, communes à toute la gamme, il est reconnaissable à ses épais montants de pare-brise chromés. Une quatrième forme de carrosserie fait son apparition au catalogue, le Hardtop. Comme son nom l'indique, il s'agit en fait d'un cabriolet dont le hardtop a été soudé, le transformant en un coupé trois volumes à l'étrange silhouette et à l'intérêt discutable. Le Hardtop était censé dégager une garde au toit plus importante pour les passagers arrière pour tenter de faire de la 356 une 4 places ou tout au moins une véritable 2+2, une idée fixe de Ferry Porsche (voir pages 92 à 115). Reutter à Stuttgart se charge toujours des coupés et cabriolets mais c'est le carrossier Karmann d'Osnabrück, qui assure la fabrication de la version Hardtop.

La Wilhelm Karmann GmbH a été fondé par Wilhelm Karmann en 1871 à Crevelt (Krefeld, en allemand), dans le Land de Rhénanie nord-Westphalie, avant de s'installer à Osnabrück en septembre 1952. Comme ses homologues italiens, Karmann s'était spécialisé dans les carrosseries niches, coupés et cabriolet, pour les grands constructeurs allemand, Mercedes-Benz, Volkswagen (dont les coupés et cabriolets Volkswagen-Karmann-Ghia produits de 1955 à 1974 lui apportèrent une notoriété internationale) et, bien sûr Porsche. Outre les coupés 356 B et C de 1962 à 1965 (en parallèle avec reutter), Karmann assura la construction des 911 de 1966 à 1971 et des VW-Porsche 914-4 de 1969 à 1976. Jusqu'en 2009, avant sa faillite et son rachat par le groupe VAG, Karmann était le plus grand constructeur automobile indépendant d'Allemagne.

En ce qui concerne les motorisations, les 1600 de 60 ch et 1600 S de 75 ch de la gamme 356 A sont reconduites sous la nouvelle carrosserie et reçoivent l'appoint d'une nouvelle version haut de gamme, la 1600 Super 90 (ou S-90) de 90 ch. Toutes les 356 B sont dotées de nouveaux freins à tambour munis d'ailettes de refroidissement et bien sûr de la boîte Porsche à quatre rapport, déjà montée sur les dernières 356 A. La Carrera 1600 GS avec son moteur double arbre est, elle aussi, reconduite avec la nouvelle carrosserie de la 356 B (uniquement sous forme de coupé depuis le millésime 1959) et conserve le 1 600 cm^3 double arbre de 115 ch avec la finition plus spartiate de la Gran Turismo qui la destine uniquement à la compétition, la version GS de Luxe disparaissant du catalogue, probablement pour aiguiller la clientèle vers la nouvelle version Super 90, jugée suffisamment puissante pour satisfaire les plus exigeants sans recourir au moteur Carrera.

ÉVOLUTIONS

Les versions Roadster et Carrera, mentionnées entre parenthèse dans les évolutions, sont détaillées dans les pages 70 à 91.

Gamme 1960 : 1600 (60 ch), 1600 S (75 ch), 1600 S-90 (90 ch) (et Carrera 1600 GS Gran Turismo 115 ch, uniquement coupé) - disponibles en coupé, cabriolet, Hardtop (+ Roadster). Voir ci-dessus

Ci-dessous.
En dehors du toit à lunette arrière agrandi, le cabriolet adopte bien sûr toutes les caractéristiques esthétiques des coupés 356 B. On note que la capote repliée est moins esthétique que sur les tout premiers cabriolets où elle disparaissait complètement.

Ci-contre.
Mis en scène soignée pour présenter la nouvelle carrosserie Hardtop qui vient s'ajouter aux coupé, cabriolet et Roadster (successeur des Speedster et Convertible D).
On comprend mal l'intérêt commercial de cette version qui sera rapidement abandonnée.

Ci-dessous.
De profil, on voit nettement le montant arrière de vitre latérale courbe pour épouser la découpe de vitre du cabriolet, alors qu'il est rectiligne sur le coupé. Les rétroviseurs obus sont probablement un ajout récent, à moins que ce type d'accessoire ait déjà été proposé en 1961.

Ci-contre.
La version Hardtop, comme son nom le laisse supposer est basée sur le cabriolet, intégralement conservé, dont on a soudé le hardtop. On a complètement gommé le raccord entre le toit amovible et la carrosserie.

Ci-dessus.
En septembre 1961, la 356 B adopte plusieurs modifications à sa carrosserie. À gauche, la version T5, à droite la nouvelle carrosserie T6, reconnaissable à sa découpe de capot plus « carrée » et à son pare-brise plus large et plus haut. On distingue également la grille d'aération au pied du pare-brise.

Signalons qu'en France, en octobre 1960, à l'occasion du Salon de l'Auto, le prix d'une Porsche 356 B 1600 est de 25 150 F (les fameux nouveaux Francs équivalents à 2 515 000 d'anciens francs), une 1600 S vaut 26 000 F et une 1600 S-90 28 100 F. À titre de comparaison, une Alfa Romeo Giulietta Sprint (1300 cm^3/80 ch) coûte 24 100 F, une Sprint Veloce (1300 cm^3/90 ch) 27 700 F, une MGA (1600 cm^3/80 ch) vaut seulement 17 500 F et une Triumph TR3 A (2000 cm^3/101 ch) 15 420 F. En France, aucune

Ci-dessus.
Non, il ne s'agit pas d'un modèle Hardtop, mais d'un cabriolet équipé de son hardtop amovible. Outre le bicolorisme, on voit nettement le joint entre la carrosserie et le toit amovible, absent sur la version Hardtop.

Ci-contre.
Vues de l'arrière, à gauche, la version T5, à droite la version T6. Elle se distingue instantanément par sa double grille de capot moteur et par sa lunette arrière sensiblement agrandie. Les 356 B se distinguaient aussi des A par le déplacement du phare de recul et des catadioptres rectangulaires sous le pare-chocs.

Ci-contre.
La grille de capot supplémentaire, outre sa fonction d'évacuation des calories de la mécanique, donnait un aspect plus cossu à la 356 B. Sous cet angle, la finesse du montant de custode apparaît clairement.

sportive n'est vraiment comparable, mais l'Alpine A 108 coach (900 cm^3/55 ch) coûte 14 050 F.

Gamme 1961 : 1600 (60 ch), 1600 S (75 ch), 1600 S-90 (90 ch) (et Carrera 1600 GS Gran Turismo 115 ch, uniquement coupé) - disponibles en coupé, cabriolet, Hardtop (+ Roadster).

Dès le millésime 1961, les 1600 Super 90 reçoivent des amortisseurs Koni et tous les 1600 reçoivent une nouvelle pompe à huile. À la même époque, le Roadster, jusqu'alors fabriqué comme son prédécesseur, le convertible D par Drauz, est désormais confié au carrossier belge D'Ieteren, qui est également l'importateur Porsche en Belgique et qui en assurera la production jusqu'à la fin 1961.

C'est en mars 1961 que la carrosserie Reutter passe aux mains de la famille Porsche qui contrôle donc désormais entièrement la production de la 356 dès la fin de 1961, avant que Karmann ne prenne en charge une partie de la production des coupés à partir du millésime 1962. Toutefois, la sellerie n'est pas concernée par ce transfert d'actions et les sièges et accessoires sont construit par une nouvelle société, Recaro (pour REutterCARrOserie) GmbH & Co. KG, et seront construit dans les mêmes locaux de Stuttgart jusqu'en 1973. La société fournira tous les sièges de Porsche et aura également une intense activité en seconde monte. En 1983, Recaro sera racheté par Keiper et deviendra Keiper Recaro GmbH & Co avec son siège à Kirchheim-unter-Teck, près d'Esslingen, dans le Bade-Wurtemberg, et connaitra un avenir florissant dans le monde entier.

Gamme 1962 : 1600 (60 ch), 1600 S (75 ch), 1600 S-90 (90 ch) (et Carrera 2 130 ch, uniquement en coupé) - disponibles en coupé, cabriolet, Hardtop (+ Roadster).

Le millésime 1962 marque un changement particulièrement important avec l'apparition de la nouvelle carrosserie référencée T6 par l'usine, dévoilée à Francfort en septembre 1961. Le pare-brise et la lunette arrière des 356 B sont encore agrandis, de même que le capot avant à la découpe plus « carrée ». Il facilite l'accès au coffre à bagages et le réservoir d'essence, redessiné et logé plus bas tout en conservant sa capacité de 57 litres, permet de dégager plus d'espace pour les bagages dans le coffre avant, tandis qu'une trappe de remplissage extérieure prend place sur l'aile avant droite sur les modèles à conduite à gauche. Les modèles à conduite à droite conservent l'ancien réservoir et son remplissage à gauche. À l'arrière, le capot moteur voit sa découpe inférieure arrondie descendre plus bas et reçoit deux grilles chromées au

Ci-dessous.
Cette vue en légère contre-plongée permet de voir clairement se découper les ouïes d'aération des freins à tambour ailetés sous le pare-chocs. Le galbe du pare-brise apparait encore plus clairement sur les T6.

Ci-dessus.
Ce coupé 356 B T6 de 1962 permet de voir plus clairement la grille d'aération de l'habitacle, typique de cette version, au pied du pare-brise. Les coins supérieurs du pare-brise paraissent plus arrondis que sur les T5. On distingue à peine la nouvelle trappe de remplissage du réservoir sur l'aile droite.

lieu d'une seule. Une grille d'aération fait son apparition devant le pare-brise pour encore améliorer la ventilation de l'habitacle décidément problématique. Un toit ouvrant électrique est proposé en option sur le coupé. Sur le cabriolet, la lunette arrière souple était désormais amovible, grâce à une fermeture à glissière.

Un embrayage de plus grande dimension est monté sur la 1600 Super 90 et la 1600 S de 75 ch reçoit des cylindres en fonte à la place des cylindres en alliage, comme la 1600 de 60 ch. La grande nouveauté de la gamme 356 B en ce millésime 1962 est le passage de 1 600 cm^3 à 2 litres de cylindrée de la Carrera en mars 1962. Sa puissance grimpe à 130 ch et elle prend le nom de Carrera 2, disponible uniquement en coupé, comme les 1600 depuis 1959 (voir les pages 70 à 77, consacré aux Carrera). En ce qui concerne les types de carrosseries, on note l'abandon du Roadster, dernière évolution du Speedster, fin 1961 et l'arrêt du coupé Hardtop, cher et commercialement peu intéressant. Il n'en fut fabriqué que 1 747 exemplaires. Porsche qui a racheté la carrosserie Reutter de Stuttgart et contrôle totalement la production de la 356 fait désormais également appel à Karmann pour la fabrication des coupés en parallèle avec ses propres usines ex-Reutter, à partir de 1962.

Les prix allaient de 13 850 DM pour le coupé 1600 à 17 820 pour le cabriolet avec hardtop. En France, la 356 1600 Super 90 coûtait 28 000 F. Pour le même prix, on pouvait avoir trois Renault Floride.

Gamme 1963 : 1600 (60 ch), 1600 S (75 ch), 1600 S-90 (90 ch) (et Carrera 2 130 ch, uniquement coupé) - disponibles en coupé, cabriolet.

Ci-contre.
Les pneumatiques à flanc blanc confèrent un aspect luxueux à ce coupé, mais n'étaient pas monnaie courante de ce côté-ci de l'Atlantique.

Ci-dessus.
Le même coupé semble plus trapu de profil, un effet d'optique généré par les pneumatiques à flanc blanc qui donnent l'illusion que les roues sont plus grandes.

Ci-contre.
Sur cette 356 B on distingue très nettement la sortie d'échappement dans la partie inférieure des butoirs. La 356 B disparaîtra en juillet 1963, au moment où la production des 356 C démarre à Stuttgart. Porsche a racheté la carrosserie Reutter de Stuttgart et contrôle donc désormais totalement la production de la 356.

Après le bouleversement apporté par la carrosserie T6, la 356 B ne subit plus aucune modification pour sa dernière année de production et disparaît discrètement en juillet 1963, au moment où la fabrication des 356 C débute à Stuttgart. En France, pour son dernier millésime, le coupé 356 B coûte 23 550 F en 1600, 25 950 F en 1600 S et 28 950 F en 1600 SC, tandis qu'une Alpine berlinette A108 (1000 cm^3/70 ch) ne coûte que 19 900 F, et que le coupé Facel-Véga Facellia (1600 cm^3/115 ch) coûte, lui, 24 000 F. Côté anglais, la Lotus Elite (1200 cm^3/84 ch) est facturée 36 000 F et même 42 000 F pour la version GT de 104 ch. Chez les Italiens, il faut débourser 23 100 F pour la Giulietta Sprint (1300 cm^3/92 ch), 28 100 F pour la Sprint Speciale et 35 100 F pour une Zagato.

Production

De septembre 1959 à juillet 1963, il fut fabriqué 31 122 exemplaires de la 356 B. Parmi elles, on compte 20 508 coupés, 6 194 cabriolets, 2 653 Roadster et 1 767 Hardtop, tous modèles et toutes cylindrées confondus. Soit 10 077 exemplaires de plus que la 356 A et un total légèrement supérieur à la production cumulée des 356 « pré A » et 356 A. La production cumulée depuis l'origine de la marque est de 62 077 exemplaires.

Ci-contre.
Un coupé 356 B de 1963 qui permet de voir clairement la grille d'aération de l'habitacle devant le pare-brise et la trappe de remplissage du réservoir sur l'aile droite. On distingue encore l'écusson rond de Reutter.

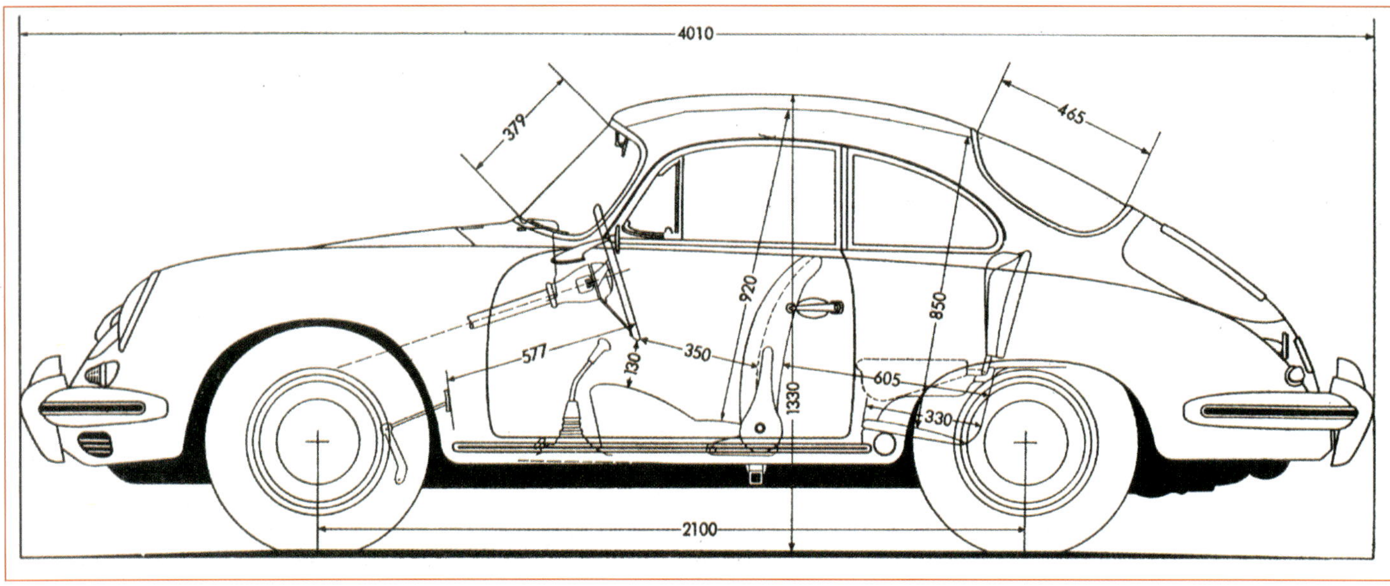

LES 356 C

[JUILLET 1962 - SEPTEMBRE 1965]

La 356 C, fut dévoilée pour le millésime 1964, en juillet 1963. Cette dernière mouture de la 356, n'est pas la simple prolongation d'un modèle en voie de remplacement, c'est tout simplement la meilleure version de la lignée 356 et la plus aboutie.

Techniquement et esthétiquement, elle profite des améliorations continuelles apportées à ses devancières et innove sur certains points essentiels, comme les freins à disque sur les quatre roues. Loin d'être un modèle en fin de carrière, c'est une voiture moderne qui s'est progressivement adaptée aux nouvelles donnes du marché au fil des millésimes et arrive à maturité. Elle accuse pourtant ses 14 ans avec ses rondeurs qui commencent à dater et l'apparition de la nouvelle Porsche 911, en septembre 1963,

Ci-dessus.
Ce plan coté de la 356 C permet de retrouver la silhouette inchangée de la dernière 356 B dont la C ne se distingue par aucun élément extérieur. On note les sièges d'appoint rabattables à l'arrière qui peuvent accueillir un supplément de bagages.

Ci-dessous.
La carrosserie T6, apparue en septembre 1961, est reconduite sans changements sur la 356 C. En dehors de l'adoption des freins à disque qui ont dicté les nouveaux enjoliveurs plus plats dépourvus d'écusson Porsche rien n'a changé sur la 356 C.

En bas.
On ignore pourquoi Porsche a jugé bon de changer le nom de la 356 pour ses deux derniers millésimes, car hormis les freins à disque et quelques détails techniques rien ne change. Cette 356 C venue d'Alaska reçoit un conséquent porte-bagage chromé sur le capot arrière.

Ci-dessus. Hormis ses nouveaux enjoliveurs cette 356 C pourrait tout aussi bien être une des dernières 356 B à carrosserie T6. Il semblerait que le rétroviseur extérieur en option était monté sur la portière et non pas sur la carrosserie, en raison de l'antenne, lorsque la voiture était dotée de la radio.

Ci-contre. À l'intérieur, comme à l'extérieur, aucune différence avec la dernière 356 B dont on retrouve toutes les caractéristiques et notamment le volant tulipé apparu sur la B ou le bourrelet rembourré en haut du tableau de bord lorsque le nouveau pare-brise courbe fut adopté simultanément, en septembre 1955.

Ci-contre.: Côté motorisation, la 356 C conserve le moteur 1600 en deux versions. La 1600 S de 75 ch devient 1600 C avec les mêmes caractéristiques techniques et la 1600 Super 90 prend le nom de 1600 SC et voit sa puissance passer à 95 ch, soit 5 ch de plus que la Super 90, tandis que la 1600 tout court est abandonnée.

quelques semaines après sa présentation, marque un coup dur pour la 356 et une étape décisive dans l'histoire de la marque. On comprend dès lors que la 356 C n'avait été qu'un modèle de transition et que ses jours sont désormais comptés. Ses quatre cylindres et leurs 75 ch en version 1600 C ou même leurs 95 ch en version 1600 SC, qui tirent le maximum de leur cylindrée et ont atteint le summum de leur développement, font bien pâle figure face aux 130 ch du six cylindres de la 911. Et que dire de sa ligne qui semble soudain avoir pris plusieurs années en l'espace d'à peine quelques semaines.

Extérieurement, la 356 C, présentée en août 1963, se distingue à peine de sa devancière immédiate, on se demande même s'il était bien nécessaire de donner un nouveau nom à cette 356 B. Commercialement, cette nouvelle nomenclature se justifiait et permettait probablement de relancer les ventes en attendant la 911. La C ne se différencie extérieurement que par ses nouveaux enjoliveurs, plus petits et légèrement retouchés. Cependant, ces nouveaux enjoliveurs cachent une modification de taille, puisqu'il s'agit de l'adoption de freins à disque ATE sous licence Dunlop sur les quatre roues, doublés par des tambours à l'arrière pour le frein à main. En conséquence, les freins arrière sont plus grands que les disques avant (285 contre 275 mm). Les nouveaux freins ont nécessité un nouveau mode de fixation des amortisseurs avec un bloc de caoutchouc additionnel limitant le débattement de la suspension vers le haut afin de minimiser leur usure. La lame de compensation montée en série sur les 356 B devient dès lors inutile, mais demeure néanmoins proposée en option. Parmi les maigres améliorations supplémentaires, on en a aussi profité pour augmenter le diamètre de la barre antiroulis et, à l'arrière, des barres de torsion plus souples viennent encore optimiser tenue de route et confort. D'autre part la colonne de direction voit sa longueur réduite par l'adoption d'un cardan Ginbo à la pace du joint à flector Hardy. Finalement, ces retouches mineures additionnées finissent par se connaître et malgré son équilibre des masses prépondérant sur l'essieu arrière (42/58 %), la 356 C est plus stable en ligne droite que sa devancière.

À l'intérieur, rien de vraiment révolutionnaire, mais de multiples modifications de détails. Les sièges sont plus profonds et des accoudoirs ont été rapportés sur les contre-portes qui permettent de tirer la porte plus efficacement que les poignées d'ouverture, trop proches des charnières. À l'arrière, la banquette d'appoint est dotée d'un bourrelet plus important sur son arête supérieure afin de mieux maintenir les bagages lorsqu'elle est repliée. La partie centrale du tableau de bord, sous la montre, est prolongée vers le bas. Les commandes d'essuie-glace, d'éclairage et l'allume-cigare ont été déplacés vers la droite, près de la colonne de direction, tandis que les commandes de chauffage et de phares ont été retouchées. Au fil des ans, l'ergonomie s'est ainsi améliorée par petites touches successives. Un témoin de frein à main fait son apparition dans le combiné d'instruments et la commande du chauffage à pas de vis, cède la place à un levier. À l'arrière, le désembuage/dégivrage de la lunette passe désormais par deux buses. L'aération de l'habitacle a souvent été jugé insuffisante, avec raison, et sera de même l'objet de nombreuses critiques sur la 911, jusqu'à l'apparition de la 996 avec sa nouvelle cellule en... 1997.

Côté motorisations, on retrouve les modèles 1600 de la série 356 B, mais la gamme est légèrement simplifiée. La 1600 tout court est abandonnée, tandis que la 1600 S de 75 ch devient 1600 C, avec les mêmes caractéristiques techniques que la S, et que la 1600 Super 90 prend le nom de 1600 SC et voit sa puis-

Ci-contre.
Même constatation à l'intérieur où l'on retrouve le tableau de bord du cabriolet 356 B. On notera la poignée de maintien pour le passager à l'extrême droite et la tige centrale pour la fixation du rétroviseur intérieur.

Ci-dessus.
Mêmes causes mêmes effet, le cabriolet 356 C ne se distingue pas extérieurement de la version coupé en dehors des nouvelles jantes et reprend intégralement la carrosserie du cabriolet 356 B. Il subit bien sûr mécaniquement les mêmes évolutions que le coupé.

Ci-contre, à droite.
À l'arrière, on ne trouve désormais plus que le sigle C pour la 1600 C ou SC pour la 1600 SC sans la cylindrée. On remarque sous les deux grilles le sigle doré de l'importateur en France Sonauto, la société créée en 1947 par Auguste Veuillet, originaire des bords de Saône.

Ci-contre, en bas.
Le C sur le capot arrière n'indique pas la version 356 C mais la version 1600 C qui remplace la 1600 S de 75 ch et en reprend les caractéristiques techniques. De son côté, la version 1600 Super est désormais désignée par le suffixe SC qui prend place sur le capot arrière à la place du C.

sance passer à 95 ch, soit 5 ch de plus que la Super 90. Là encore, comme à l'intérieur rien de vraiment fondamental, mais comme toujours des petites différences de détail, comme la forme des têtes de pistons, les conduits d'admission et d'échappement, le vilebrequin et les paliers d'admission reçoivent tous de petites modifications. La distribution a elle aussi fait l'objet de délicates attentions avec des temps d'ouverture de soupapes modifiés, des cuvettes de ressort de soupapes améliorées et un guidage identique pour l'admission et l'échappement. Côté transmission, l'embrayage Fichtel & Sachs remplace l'embrayage Häussermann et les bagues de synchronisation sont renforcées pour optimiser leur longévité. Un différentiel autobloquant est proposé en option. La 356 C reçoit également des amortisseurs réglables Koni, alors que la 1600 C est équipée d'amortisseurs Boge. Comme pour le dernier millésime de la 356 B, on ne trouve que deux modèles de carrosserie, le coupé et le cabriolet. La Carrera 2 poursuit, quant à elle, sa carrière sans aucune modification mécanique.

Gamme 1964 : 1600 C (75 ch), 1600 SC (95 ch) (et Carrera 2 130 ch, uniquement coupé) - disponibles en coupé, cabriolet. (Voir ci-dessus).

Outre l'apparition de la 356 C, 1964 fut aussi une étape importante dans l'histoire de Porsche, puisque c'est cette année-là que Max Hoffman, le concessionnaire historique et initiateur du Speedster, cessa d'importer des Porsche aux États-Unis, laissant la société Porsche of America Corporation, installée à Teaneck dans le New Jersey, qui avait été créée en 1959, l'exclusivité de la vente en Amérique.

En novembre 1963, le magazine *L'Automobile* annonce la 356 C 1600 C à 27 373,18 F (on se demande à quoi tient une telle précision. Peut-être le change ?) en coupé et 29 439, 78 en cabriolet, tandis que la 1600 SC grimpe à 30 458,08 F pour le coupé et 33 028,83 pour le cabriolet. Le coupé Carrera 2 litres atteint presque les 46 000 F à 45 998,70 et, étrangement, le magazine donne 50 073,60 F pour le cabriolet Carrera, alors qu'il a en principe disparu du catalogue. À titre de comparaison, côté français, l'Alpine berlinette A 110 Tour de France (1100 cm^3/66 ch) coûte 18 631,65 F et une Facel-Véga Facel III (1800 cm^3/108 ch) 23 542,99 en coupé et 22 658,65 en cabriolet. En Angleterre, on trouve la Lotus Elan 1600 (1600/115 ch), que redoute tant Ferry Porsche, à 26 974,60 F, mais les plus redoutables sont les Triumph TR3 dont le prix est tout simplement la moitié de celui de la moins chère des Porsche. Signalons que, sur leur marché national, les Jaguar, bien plus puissantes et bien plus rapides, sont néanmoins de redoutables concurrentes. En Italie les Alfa Romeo Giulietta (1300 cm^3/80 ch - 90 ch pour la Veloce), que Ferry Porsche juge encore plus menaçantes que les Lotus, sont

vendues 22 809,99 F et 25 894,89 F pour la Veloce. Aux États-Unis, les anglaises, Austin-Healey, MG et Triumph, tiennent le haut du pavé, mais la Chevrolet Corvette, apparue en 1953, commence à devenir une sérieuse concurrente avec un prix à peu près comparable, tandis que la Ford Thunderbird, nettement moins sportive, coûte moins cher que la Porsche et la Chevrolet.

Au cours de l'été 1964, Louise Piëch, la sœur de Ferry Porsche, majoritaire dans la société Porsche Konstruktionen KG et actionnaire de Porsche KG, reçoit la grand croix du mérite pour services rendus à la république d'Autriche des mains du chancelier fédéral Josef Klaus, à Salzbourg.

Gamme 1965 : 1600 C (75 ch), 1600 SC (95 ch) (la Carrera 2 a été remplacée par la 904 Carrera GTS – 2 litres/155 ch - à carrosserie en polyester) - disponibles en coupé, cabriolet.

La 911 vaut un peu moins du double de la 356 et ne fait pas le plein de la clientèle Porsche, aussi la 356 reste-t-elle encore au catalogue pour le millésime 1965 qui voit arriver une version simplifiée de la 911, équipée du quatre cylindres de la 1600 SC, la 912, en avril 1965. Les 1600 et 1600 SC ne présentent pas de différence notable avec le modèle 1964. La disparition de la 356 C est toutefois programmée et la production prendra fin en septembre 1965, à la fin du millésime après 16 674 exemplaires. La 356 C marque donc la fin de toutes les 356. La production des carrosseries 356 prit fin le 21 janvier 1965 chez Karmann et le 28 avril chez Reutter. La dernière 356 assemblée, un cabriolet blanc, sortit d'usine en septembre 1965. Toutefois, une dernière salve fut tirée, puisqu'on remit en production quelques 356 après cette date, la police hollandaise en ayant commandé quelques-unes en 1966 pour son peloton d'autoroute. Le 9 novembre 1965, Ferry Porsche se voit décerner le titre de docteur Honoris Causa de l'école polytechnique de Vienne pour sa contribution au développement de l'automobile. En 1965, le chiffre d'affaire de Porsche s'éleva à 200 millions de Deutsche Mark. On était loin des 50 à 100 voitures que Ferry Porsche imaginait pouvoir saturer le marché en 1948.

Ci-dessus. Les dernières carrosserie de 356 sortirent de chez Karmann le 21 janvier 1965 et de chez Reutter le 28 avril. La dernière 356 assemblée à Stuttgart, un cabriolet blanc, sortit d'usine en septembre 1965. On construisit quelques 356 après cette date pour la police hollandaise en 1966.

Production

De juillet 1962 à septembre 1965, il a été construit 16 674 Porsche 356 C, parmi lesquels on compte 13 509 coupés et 3 165 cabriolets. On notera au passage que le rapport entre modèle fermés et modèles ouverts a sensiblement évolué, en raison de la disparition du Speedster et de ses avatars Convertible D et roadster. De pratiquement 50/50 avec les « pré-A », on est passé à environ 65/35 avec les A, 70/30 avec les B et plus de 80/20 pour les C. En 17 ans de carrière, la production cumulée de 356, tous modèles confondus depuis l'origine de la marque, s'élève à 78 745 exemplaires. La plus produite aura été la 356 B avec 31 122 exemplaires. La plus rare est le roadster America de 1952, ancêtre du Speedster, produit à seulement 16 unités.

Ci-contre. De nombreuses personnalités achetèrent la 356. Celle-ci, une 356 C 1600 SC de 1964, fut achetée par Janis Joplin en 1968 et décorée de motifs psychédéliques dans le goût du « summer of love » et du mouvement hippie par Dave Richards. Elle fut vendue par Sotheby's pour 1 760 000 dollars en décembre 2015, ce qui en fait la plus chère des 356 de tous les temps.

LES 912

[AVRIL 1965 - SEPTEMBRE 1969]

Aussi forte qu'ait été la demande pour la 356, pourtant bien plus chère que la plupart de ses concurrentes, il devint bien sûr évident que, malgré les mises à jour et les améliorations successives, il faudrait la remplacer. Ferry Porsche désirait un modèle plus polyvalent pouvant loger quatre passagers. Une idée que l'on peut même faire remonter au type 530 de 1951, une 356 2+2 longuement essayée, avant d'être abandonnée, probablement faute de financement à l'époque.

Ci-dessus.
Rien ne permet de différencier extérieurement une 911 d'une 912, hormis les pneumatiques plus étroits qu'il est impossible d'apprécier à l'œil nu. Celle-ci est une photo de presse Porsche qui nous affirme qu'il s'agit bien d'une 912. Notons les antibrouillards qui ne sont pas de série.

Comme en atteste plusieurs modèles spéciaux sur base de 356, réalisés par Porsche ou commandés à divers carrossiers (voir pages 92 à 115), l'idée continua de faire son chemin, allant même jusqu'à des version de berlines à quatre portes. Les premières ébauches et les premiers cahiers des charges d'un coupé 2+2 apparaissent à la fin des années 1950 avec le type 695 de 1959, sur un empattement de 2,40 m, qui reçut la désignation T7, c'est-à-dire la suite logique de la carrosserie T6 dévoilée en septembre 1961. Dès 1961, on avait vu circuler un prototype à la ligne moderne et épurée, le type 754.
Globalement, on retrouvait déjà tout le soubassement de la future 911, surmonté d'un généreux pavillon surélevé et lumineux dégageant une garde au toit importante pour les passagers arrière. L'autre paramètre concernait le moteur. Le quatre cylindres à plat était arrivé au bout de son développement et pour trouver une puissance suffisante, il aurait fallu recourir au 2 litres Carrera, trop cher et trop sophistiqué pour une production en relativement grande série. L'étude d'un nouveau moteur commença donc également en 1961, sous la forme d'un six cylindres, dont les essais débutèrent en 1962. Pour l'anecdote, signalons que Chevrolet avait présenté sa Corvair, équipée d'un moteur six cylindres à plat refroidi par air en porte-à-faux arrière en 1960. Au fur et

Ci-contre.
Seule différence, le sigle 912 en bas à droite du capot moteur indique clairement le modèle, encore faut-il être assez prêt pour le déchiffrer. On aperçoit également le tableau de bord à trois cadrans, alors que celui de la 911 en compte cinq.

à mesure de la mise au point du future modèle, on abandonna l'idée d'un coupé 2+2 pour revenir au concept de base du coupé deux places, dans l'esprit de la 356. C'est ainsi que la T7 adoptera un empattement plus court et se verra doter d'un arrière fastback rappelant la silhouette de la 356 et prenant l'appellation de 901. Le dessin de la future Porsche est dû à Ferdinand Alexander Porsche (1935-2012), dit Butzi, le fils aîné de Ferdinand Anton Ernst Porsche (1909-1998) – dit Ferrry - et petit fils du professeur Ferdinand Porsche (1875-1951), Erwin Komenda, le responsable des carrosserie au sein du bureau d'étude qui avait dessiné la 356, en ayant simplement supervisé les aspects techniques. Butzi était entré au service du style du bureau d'étude en 1957. Styliste accompli, il prouvera son talent après son éviction de la société Porsche. En effet, un comité de direction de cinq membres comprenant Ferry et Butzi Porsche, Ferdinand et Michael Piëch et Heinz Branitzki avait été mis en place avril 1971. Mais Ferry Porsche se rendit vite compte que le nombre de membres des familles Porsche et Piëch impliqués au sommet de la hiérarchie, allait poser de sérieux problèmes de rivalités et d'ego. Le 1er mars 1972, la société Porsche fut donc réorganisée. Les trois entités, Dr Ing. h.c. F. Porsche KG à Zuffenhausen, VW-Porsche VG à Ludwigsburg et Porsche Konstruktion KG à Salzburg, furent placés sous le contrôle de la holding Porsche GmbH, enregistrée à Stuttgart, dont Ferry Porsche et Louise Piëch étaient les directeurs généraux. Tous les autres membres de la famille Porsche démissionnèrent officiellement et Porsche devint une société par actions, Dr Ing. h.c. F. Porsche AG (Aktien Gesellschaft). Après son départ, Butzi Porsche créa Porsche Design (un bureau de design très prospère) et son cousin Ferdinand Piëch qui avait conçu les fameuses Porsche 917 en 1969, passa chez VW-Audi où il développa le système de transmission intégrale qui fit le succès des Audi Quattro, avant de devenir directeur de la marque, puis plus tard patron du groupe VAG qui, en juillet 2009, racheta Porsche qui devint ainsi la dixième marque du groupe Volkswagen, aux côtés de Audi, Bentley, Bugatti, Ducati, Lamborghini, Scania, Seat, Skoda et Volkswagen. Une belle revanche.

En septembre 1963, au Salon de Francfort, l'apparition de la nouvelle Porsche 901 est un événement pour Porsche et pour le monde automobile. Comme chacun sait, elle devint rapidement 911, à la demande de Peugeot qui avait déposé les nomenclatures à trois chiffres avec zéro central (on s'étonnera au passage que Peugeot n'ait pas fait valoir ses droits pour les Dino 206 et Ferrari 208/308…). Désormais, avec la 911, la marque dispose de son propre moteur et non plus d'une mécanique élaborée à partir d'un modèle donneur. C'est un coup dur pour la 356. La comparaison est sans appel, autant en ce qui concerne la carrosserie que la mécanique. Comme nous l'avons vu au chapitre précédent, les 75 ch du quatre cylindres 1600 C et même les 95 ch du 1600 SC font bien pâle figure face aux 130 ch du six cylindres

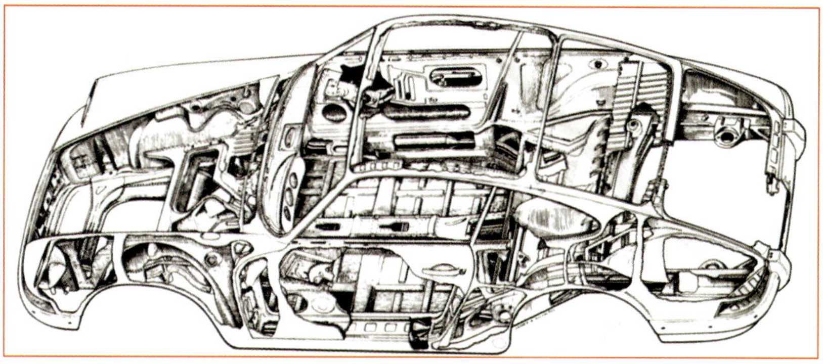

En haut. La position de repos des essuie-glaces à droite indique qu'il s'agit d'une des premières 912 de 1966. La légèreté de la 912 et le moindre poids de son moteur la rendaient plus agréable à conduire que la 911 et surtout moins survireuse.

Ci-dessus. La structure monocoque de la 911/912 n'a plus rien à voir avec celle de la 356, élaborée à partir de la plate-forme technique de la Volkswagen. Cette cellule perdurera jusqu'au renouvellement de fond apporté par la 911 type 996 en 1997.

Ci-contre. Les premières 912 ont un tableau de bord spécifique à seulement trois cadrans quand celui des 911 en affiche cinq, d'où les vides de chaque côté. On aperçoit la clé de contact à gauche, une spécificité Porsche reconduite sur les 911/912.

Ci-dessus.
Le moteur quatre cylindres à plat refroidi par air de 1 582 cm^3 est celui de la dernière 356 C Super 90. Avec une puissance de 90 ch, les performances de la 912 sont comparables à celle de la 356 C, mais légèrement inférieures. La vitesse de pointe de la 912 culmine à 185 km/h contre 210 km/h pour la 911.

Ci-dessous.
Le même moteur sans ses filtres à air. Les 90 ch de la 912 ont bien du mal face aux 130 ch de la 911, malgré son poids inférieur. La 912 passe de 0 à 100 km/h en 13,5 secondes quand il faut seulement 9,1 secondes à la 911. La 911 S de 1967 fera passer ce chiffre au-dessous des 8 secondes.

de la 911 et le dessin de Butzi Porsche pour la nouvelle 911 est tout simplement parfait, laissant sur place les vieillissants volumes de la 356 C. Mais la 911 coûte 40% de plus que la 356 et ne permet pas à Porsche de faire le plein de sa clientèle, aussi une version de la 911 équipée du quatre cylindres 1 582 cm^3 de la 356 1600 SC, voit-elle le jour en avril 1965, avant même la disparition de la 356 C. Elle est baptisée 912. Elle reprend le quatre cylindres de la 1600 SC mais avec une puissance de 90 ch au lieu de 95, qui est un compromis entre le 1600 C de75 ch, docile et sûre, et le 95 ch, bien plus pointu. Comme on le voit, on avait surtout choisi de privilégier l'agrément. Les voies avant et arrière de la 912 sont un peu moins larges que celles de la 911 six cylindres (1 337 mm et 1 317 contre 1 367 et 1 339 pour la 911). Elle sera proposée d'abord en coupé puis, dès le modèle 1966, en version Targa à arceau fixe et lunette arrière souple, comme la 911. À l'intérieur, la 912 se distingue par son tableau de bord moins bien équipé, ne disposant que de trois cadrans au lieu de cinq sur la 911.

Bien sûr, les performances de la 912 ne sont pas les mêmes que celles de la 911 avec des puissance de 90 ch et 130 ch respectivement, la différence est particulièrement sensible. La 912 affiche une vitesse de pointe de 185 km/h contre 210 km/h pour la 911 et les accélérations suivent la même logique puisque le 0 à 100 km/h prend 13,5 secondes à la 912 et seulement 9,1 secondes pour la 911, la 911 S de 1967 améliorant encore ce chiffre pour le faire descendre à 7,8 secondes. Il faut toutefois signaler un avantage de la 912 sur la 911, en plus de son prix. Beaucoup la jugent plus facile à conduire du fait de son moindre poids (1 290 kg contre 1 400 kg) et surtout du moindre poids de son moteur (environ 80 kg de moins) qui rééquilibre les masses et lui donne un comportement nettement moins survireur et plus facile à maîtriser. En ce qui concerne l'agrément, la 912 n'avait que des avantages par rapport à la 356 C. Son habitacle avec une surface vitrée 50% supérieure était bien plus lumineux et, malgré quelques centimètres de moins en largeur, l'habitabilité était également bien supérieure, notamment en raison de l'empattement qui gagnait 11 cm par rapport à la 356. Longtemps délaissée par les collectionneurs, la 912, une rareté par rapport à la pléthore de 911, voit sa côte monter régulièrement.

Gamme 1965 : 912 (90 ch) – disponible en coupé. Voir ci-contre.

La 912 est commercialisée en avril 1965, huit mois après le lancement de la 911 et avant la fin de la fabrication des 356 C qui n'intervint qu'en septembre 1965 et dont les ventes continuèrent au-delà de cette date. Aux États-Unis, la 912 fut présentée en juillet 1965 et vendue seulement à partir de septembre, lorsque l'importation de la 356 prit fin. Sur le marché américain, la 912 était vendue à peine plus chère que la 356 C à 4 690 $ contre 4 577 $ pour les dernières 356 C. En Allemagne, la 911 valait la bagatelle de 21 900 DM en septembre 1964, la 356 C 1600 C coûtait 15 900 DM et la 1600 SC 17 450 DM, tandis que le cabriolet valait 1 000 DM de plus que les coupés.

Gamme 1966 : 912 (90 ch) – disponible en coupé et Targa.
À partir du millésime 1966, la 912 est proposée en version Targa, comme la 911. Pour différentes raisons, la 911 ne fut pas déclinée en cabriolet avant mars... 1982. D'une part, l'arrivée de nouvelles normes fédérales aux États-Unis concernant l'écrasement de l'habitacle en cas de retournement, stoppa nette la plupart des constructeurs, croyant que ces normes s'appliqueraient aux cabriolets. Porsche, et bien d'autres, imaginèrent de contourner la difficulté en dotant les versions découvertes d'un arceau fixe qui évitait l'écrasement. Pour Porsche, s'y ajoutait aussi une certaine faiblesse structurelle de la 911 qui aurait nécessité de trop lourds renforts pour une version cabriolet. La lunette arrière des premières Targa est en vinyle souple et peut s'ouvrir grâce à une fermeture à glissière. La Targa offrait ainsi quatre positions, entièrement fermée avec toit et lunette arrière, entièrement ouverte sans toit ni lunette arrière, et deux positions intermédiaires, sans toit avec lunette arrière et avec toit sans lunette arrière. La lunette souple sera remplacée en 1968 par une lunette arrière fixe en verre. Les voies de la 912 passent à 1 351 mm à l'avant et 1 321 mm à l'arrière, mais restent cependant toujours plus étroites que celles de la 911.

Gamme 1967 : 912 (90 ch) – disponible en coupé et Targa.
La 912 connaît une brillante carrière commerciale. Son tableau de bord s'orne désormais de cinq cadrans, comme celui de la 911, et le sigle 912 sur le capot arrière, jusque-là en bas à droite et

Ci-contre.
Une publicité en allemand de la 912 qui présente la voiture comme un « modèle d'élégance et de caractère pour les connaisseurs, ... un compliment pour leur style de vie ». En plus petit, est mentionné le moteur 4 cylindres, la vitesse de pointe de 185 km/h, le grand coffre et le choix entre 4 ou 5 rapports de transmission.

Ci-dessous.
La version Targa de la 911 - et de la 912 - est dévoilée au Salon de Francfort en septembre 1965. La lunette souple repliable des premières Targa cèdera la place à une lunette en verre rigide assurant un meilleur rôle structurel.

Ci-dessus.
Ferdinand Alexander Porsche, dit Butzi, le fils de Ferdinand Anton Ernst Porsche – dit Ferrry - et petit fils du professeur Ferdinand Porsche, est l'auteur des lignes de la 911, entre autres. On le voit ici avec une maquette au 1/5 de la 911 Targa.

Ci-dessous.
Sur ce cliché d'une 912 Targa, on voit clairement la lunette souple repliée qui la transforme en un cabriolet à arceau de sécurité fixe. La position du sigle 912 en haut au milieu du capot moteur montre qu'il s'agit d'un modèle 1967 et l'arceau encore vierge des trois fentes d'aération indique un modèle antérieur à 1969.

en biais, remonte au centre sous la grille arrière, comme sur la 911, en adoptant une police de caractères plus moderne, dans l'esprit de celle du mot Porsche. Les fameuses jantes Fuchs à cinq branches, si caractéristiques et indissociables de la 911, apparues sur la 911 S pour le millésime 1967, sont également proposées en option sur la 911 et la 912.

Gamme 1968 : 912 (90 ch) – disponible en coupé et Targa.

Pour le millésime 1968, quelques changements esthétiques sont apportés à la 912 qui reprend les améliorations extérieures des 911 de la Série A, apparue avec le millésime en juillet 1967. Les poignées de portes sont redessinées, des essuie-glaces anti-éblouissants noir mat remplacent les porte-balais chromés et trouvent leur position d'arrêt à gauche, des rétroviseurs extérieurs ronds de plus grand diamètre sont installés et le tableau de bord reçoit un revêtement anti-éblouissant. Les jantes de 5.5 pouces sont légèrement plus grandes. Enfin, progrès invisible, le pare-brise est en verre feuilleté et le système de freinage dispose d'un double circuit. Toutes ces modifications sont valables pour l'ensemble de la gamme 911. La 912 partage désormais son intérieur avec la 911 T, une version meilleur marché de la 911, qui a fait son apparition en août 1967. Sur les Targa, la lunette arrière souple est remplacée par une lunette arrière fixe en verre, pour des raisons de sécurité, mais aussi – et peut-être surtout - pour des raisons structurelles, la lunette fixe en verre apportant un surcroît de rigidité à l'ensemble, notamment sur les 911 les plus puissantes.

Ci-dessus.
Cette publicité pour la première Targa clame qu'une automobile, la 911/912, combine désormais la liberté du cabriolet avec la sécurité du coupé. Elle montre par ailleurs les quatre positions : fermée, toit seul enlevé, toit en place lunette souple ouverte et entièrement ouverte avec toit enlevé et lunette souple repliée.

Ci-dessus.
En 1967, le nom du modèle, inscrit en bas à droite du capot moteur, change d'emplacement pour se positionner en haut au milieu, juste sous la grille d'extraction et adopte une police de caractère bâton dans le même esprit que celle du nom Porsche. On note, à droite, le macaron Sonauto de l'importateur en France.

Ci-contre.
Toujours en 1967, la 912 voit son tableau de bord s'aligner sur celui de la 911 et reçoit désormais cinq cadrans au lieu de trois précédemment. L'absence de tunnel de transmission libère un vaste espace sous le tableau de bord, contrairement aux sportives à moteur avant.

Gamme 1969 : 912 (90 ch) – disponible en coupé et Targa.
Peu de changement pour la 912 qui s'aligne comme d'habitude sur la 911 et adopte toutes les modifications de la série B, apparue en août 1968, dont la plus importante concerne l'allongement de 58 mm de l'empattement qui passe de 2 210 mm à 2 268 mm, réduisant le porte-à-faux arrière d'autant et rééquilibrant les masses. Les passages de roue arrière sont ornés d'un léger bourrelet et les déflecteurs des coupés sont désormais fixes. La Targa reçoit trois fentes d'extraction sur l'arceau, afin d'améliorer la ventilation de l'habitacle et les deux versions, coupé et Targa, sont dotées de vitres arrière chauffantes pour faciliter le désembuage. Les problèmes d'aération de l'habitacle poursuivront la 911 jusqu'en 1997, avant la refonte totale de la structure, inaugurée par la 911 type 996. La 912 vit sa dernière année de production.

Production

La 912 va s'effacer devant la 914/4 à moteur central en 1970, après une production de 30 300 exemplaires dont seulement 2 580 sont des versions Targa. Dans le même temps, la 911 à moteur 6 cylindres était produite à 33 689 exemplaires tous modèles confondus, soit seulement 10% de plus. La 912 a représenté pendant ces cinq années, près de 40% des ventes de Porsche, recueillant un beau succès outre-Atlantique.

Ci-dessous.
Pour son dernier millésime, la 912 Targa de 1969 reçoit, comme la 911, trois ouïes d'aération sur l'arceau en aluminium brossé pour améliorer l'aération de l'habitacle. On note que celle-ci est encore dotée de la lunette arrière souple qui a en principe été abandonnée pour le millésime 1968, il s'agit donc probablement d'un prototype ou d'un modèle de présérie.

Lorsque Ferry Porsche lança la Porsche 356, il était évident qu'elle s'adressait à des conducteurs en quête de performances et de sportivité avec son moteur plus poussé que celui de la Volkswagen et sa carrosserie plus légère et plus aérodynamique.

En 1949, comme beaucoup de sportives de l'immédiat après-guerre, la 356 était adaptée au contexte de l'époque, utilisant un maximum d'éléments de grande série pour abaisser les coûts de construction et les frais d'entretien. Dès son lancement, elle établit de nouvelles normes en matière de petites sportives, s'illustrant en courses de côte, en rallye, mais aussi sur circuit. En juin 1950, le prince Joachim zu Fürstenberg et le comte Konstantin Berkheim inauguraient le palmarès en remportant leur catégorie avec l'une des premières 356 de 1 086 cm^3 au Rallye du Soleil de minuit, en Suède.

C'est en 1951 que Porsche débutera sa longue carrière au Mans, grâce à l'insistance de l'importateur en France Auguste Veuillet (1910-1980). Il avait fondé la société Sonauto (baptisée ainsi en souvenir de ses origines lyonnaises le long de la Saône) en 1947

Ci-contre.
Bien avant l'apparition de la version Carrera, la Porsche 956 commença à glaner les victoires, comme en atteste cette affiche de 1952 vantant les résultats obtenus à Palm Beach par Briggs Cunningham sur cabriolet et à Agadir par François Picard, Porschiste de la première heure.

Ci-dessous.
La première Carrera est une 356 A que l'on identifie immédiatement par ses deux sorties d'échappement au lieu d'une seule et, lorsque l'on est plus près, par les inscriptions Carrera sur l'aile avant et le capot moteur à l'arrière. Celle-ci est dotée d'un toit ouvrant.

LES 356 CARRERA

(SEPTEMBRE 1955 - 1964)

Ci-dessus.
Certaines des premières Carrera étaient dotées d'ouïes supplémentaires sur le capot moteur de chaque côté de la grille pour évacuer les calories du moteur, mais apparemment ce traitement n'était pas systématiquement appliqué.

Ci-dessus.
La différence essentielle entre la 356 et la Carrera résidait bien sûr dans sa mécanique 1500 GS, un moteur puissant et sophistiqué à double arbre à cames en tête, emprunté au Spyder 1500 RS, une barquette exclusivement réservée à la compétition présentée en 1953.

et importa les Porsche en France dès 1950. Le sentiment « anti-boche » était encore important en France et Ferry Porsche ne tenait pas à affronter la méfiance et la haine sur le circuit de la Sarthe et gardait probablement un amer souvenir de l'incarcération du professeur Porsche par les Français à la fin de la Seconde Guerre, d'autant que son récent décès, en janvier 1951, devait probablement beaucoup à sa détention. Mais pour Veuillet cette participation était particulièrement importante et décisive pour l'avenir de la marque en France. La 356 SL (Super Leicht) que Porsche engagea pour l'équipage Veuillet/Mouche était une des dernières 356 en aluminium construite à Gmünd préparée spécialement. Elle avait été allégée et ne pesait que 640 kg, ses roues arrière étaient carénées pour améliorer son aérodynamique et son moteur de 1086 cm^3 développait 45 ch soit 5 de plus que la version normale. Ainsi gréée, sa vitesse de pointe atteignait 162 km/h. Elle termina première de la classe 751 à 1 100 cm^3 aux 24 Heures du Mans, marquant le début d'une longue série de succès manceau.

Parmi les exploits les plus marquants des débuts de la 356 en sport, de nombreuses places d'honneur dans sa classe dans les grandes classiques, parmi lesquelles le Liège-Rome-Liège en août 1951 où Huschke von Hanstein et Peter Max Müller emmenèrent leur coupé 1100 - en version aluminium lui aussi – à la deuxième place de sa classe. Plus intéressant, une autre 356 en aluminium également, équipée, elle, d'un moteur 1500 de 60 ch, pilotée par Heinrich von der Mühle, termina troisième au classement général et première de sa classe. Citons encore le Liège-Rome-Liège de 1952 où les trois Porsche officielles se classèrent première (Helmut Polensky/Walter Schlüter), troisième (Jean Laroche/Rémy Radix) et neuvième. Néanmoins, la puissance des 356 s'avéra rapidement trop faible pour espérer briller en compétition. Dans un premier temps, l'offre fort réduite pour ce genre de petite machine sportive et la rareté de la concurrence avaient suffi à placer la Porsche 356 dans le peloton de tête, et les conducteurs sportifs, sevrés de nouveauté pendant la guerre, s'étaient jetés sur cette monture pourtant chère. Les affres de l'après-guerre et les pénuries s'estompant, la concurrence, d'inexistante était devenue pléthorique et être présent ne suffisait plus, il fallait sans cesse remettre au goût du jour les mécaniques, trouver des chevaux supplémentaires sans perdre de vue l'économie, le prix de revient et la catégorie de cylindrée dans laquelle la voiture avait le plus de chances de s'illustrer. C'est ainsi qu'était finalement apparue une version spécifique, destinée à la compétition, la Carrera, au catalogue du millésime 1956 qui se mit en devoir de faire oublier la 356 « normale », souvent considérée par ceux qui ne la connaissaient pas comme une simple évolution sportive de la Volkswagen.

La 356 avait déjà profité des enseignements glanés en course et avait notamment reçu la boîte type 519 à système de synchronisation Porsche fabriquée par Getrag à parir de 1952. Avec la Carrera les modification allaient être bien plus profondes et l'ascendance roturière de la 356 allait être occultée par un moteur puissant et sophistiqué, très proche de celui du Spyder 1500 RS, une barquette exclusivement réservée à la compétition qui avait inauguré ce nouveau moteur en 1953. L'évolution la plus remarquable de la Carrera concerne donc son moteur qui adopte en effet une distribution par double arbre à cames en tête et la lubrification par carter sec. Il a été mis au point par le Dr Ernst Fuhrmann (1918-1995) qui était, comme la famille Porsche, d'origine autrichienne. Il travailla pour Porsche dès mars 1947, à Gmünd. En juillet 1952, Ferry Porsche lui demanda de développer un moteur qui développe 100 ch pour la compétition à partir du bloc Volkswagen, ce qu'il réussit à faire en neuf mois, le moteur type 547 faisant ses premiers tests à Zuffenhausen en avril 1953. Il fut installé dans un Spyder 550 RS et remporta d'emblée sa première course, l'Eifelrennen au Nürburgring en mai 1953 avec Helmut Glöckler, le premier concessionnaire Porsche d'Allemagne, à son volant. Lorsqu'il quitta Porsche en 1956, Fuhrmann se vit offrir le coupé exposé au Salon de Francfort d'octobre 1955 où avait été exposé la première Carrera 1500 GS, en remplacement du sien qui avait été détruit par un essayeur. Après avoir

Ci-dessous.
Une fois installé dans son compartiment, on ne voit plus grand chose du moteur 1500 GS à double arbre à cames en tête et lubrification par carter sec. Sa cylindrée de 1 498 cm^3 (85 x 66 mm) lui permet d'offrir 100 ch à 6 200 tr/mn, grâce à un double allumage et à un taux de compression de 9:1. La Carrera atteint les 200 km/h.

Ci-dessus.
Cette publicité américaine de 1957 pour la Carrera annonce ses nombreux titres de championne en compétition Grand Tourisme (États-Unis, Autriche, France, Danemark, Portugal et Allemagne) et les deux nouvelles versions « de Luxe » et « Gran Turismo ».

Ci-contre.
La préparation des Carrera pour la compétition avait recours aux nombreuses options offertes par l'usine. Les roues Rudge en alliage à fixation centrale étaient les plus populaires avec l'échappement sport. Les enjoliveurs et les accessoires inutiles étaient démontés pour la course.

Ci-contre.
En 1960, la Carrera adopte la nouvelle carrosserie de la 356 B et ne subsiste plus qu'en version Gran Turismo, fabriquée par Reutter. Elle se distingue de la 356 par ses pare-chocs sans butoirs et les deux orifices entourant les clignotants avant dépourvus de barrettes chromées, pour gagner quelques grammes.

exercé des responsabilités chez Goetze, le spécialiste des segments et des pistons, il revint chez Porsche en 1971, comme directeur technique, puis devint membre du conseil d'administration de 1972 à 1980.

Le moteur Carrera type 547/1 d'une cylindrée exacte de 1 498 cm^3 (85 x 66 mm), développe 100 ch à 6 200 tr/mn, grâce à un double allumage et à un taux de compression de 9:1. Le carter, les culasses et les cylindres (à fourreau chromé dur) sont en alliage, le vilebrequin Hirth, comme les bielles, est monté sur des roulements à rouleaux. L'alimentation est assurée par deux carburateurs double corps Solex type 40 PJJ-4. La 356 atteint ainsi les 200 km/h, abat le 0 à 100 km/h en 11,8 secondes et le 1000 m départ arrêté en 31,3 secondes. Elle conserve la boîte de vitesses standard, mais avec les deux rapports supérieurs un peu plus longs pour favoriser la vitesse de pointe. La 1500 GS est chaussée de pneumatiques 5,90-15, légèrement plus larges que sur les 356 normales. À l'intérieur, les sièges baquets ont pris la place des fauteuils habituels et les instruments de bord ont été recalibrés pour les nouvelles performances, le compteur affiche 250 km/h et le compte-tours 8 000 tr/min. La Carrera va prendre la relève des 356 « normales » ou préparées qui briguent leur classe de cylindrée depuis quelques années dans les nombreuses épreuves où elles sont engagées et vont dominer la classe 1 500 cm^3. Extérieurement, en dehors de quelques spécificités, les évolutions esthétiques de la carrosserie des Carrera suivront celle des 356 « normales ». Elle se distingue des autres 356 par le lettrage Carrera sur l'aile avant et sur le capot arrière et surtout par la double sortie d'échappement et parfois des ouïes d'aération supplémentaires de chaque côté de la grille chromée du capot moteur.

Inutile de dire que, malgré leur dépouillement, le prix des Carrera à moteur double arbre est nettement plus élevé que celui des 356 de base. En 1956, aux États-Unis, il fallait carrément ajouter 2 000 dollars au 3 500 dollars du modèle de base si l'on optait pour un moteur Carrera. En Amérique, seuls les pilotes et les vrais mordus achetaient une Carrera. En France, en 1958, un coupé 1600 valait 12 700 F et un Speedster équipé du même moteur seulement 11 500 F. En revanche pour les versions Carrera, le différentiel de prix était un peu moins important qu'en Amérique, puisqu'un coupé Carrera 1500 GS valait 18 500 - soit 5 800 F de plus que le coupé 1600 - et le Speedster Carrera 1500 GS 17 300 F – soit 6 000 F de plus que le Speedster 1600.

La Carrera, la plus rapide - et la plus fragile - des 356, restera en production jusqu'en 1964.

Gamme 1956 : 1500 GS, 100 ch. Disponible en coupé, cabriolet et Speedster. (Voir ci-dessus)

Ci-contre.
Pour le millésime 1962, la Carrera devient Carrera 2 avec un moteur de deux litres de cylindrée développant 130 ch à 6 200 tr/min. Les 1 966 cm³ ont été obtenus en augmentant l'alésage de 90 à 92 mm et en allongeant simultanément la course de 66 à 74 mm.

Gamme 1957 : 1500 GS de luxe, 100 ch, disponible en coupé, cabriolet, Speedster – 1500 GS Gran Turismo, 110 ch disponible en coupé et Speedster.

Pour le millésime 1957, avec l'apparition de la 356 A, la Carrera adopte le pare-brise courbe et les autres caractéristiques du nouveau modèle, mais les différences entre la 356 normale et la Carrera s'accentuent. Alors que la 356 A voit ses échappements passer par les butoirs de pare-chocs arrière afin d'améliorer la garde au sol, la Carrera conserve l'ancienne disposition, avec l'échappement passant sous le pare-chocs. Qui plus est, à partir de mai 1956, la Carrera propose deux alternatives, une 1500 GS de Luxe de 100 ch et une 1500 GS Gran Turismo de 110 ch. La Carrera de Luxe est une version destinée au tourisme et offre un minimum de confort. Elle s'adresse à une clientèle exigeante qui ne fait pas de compétition, mais désire le modèle le plus performant pour ses déplacements. Elle est donc dotée de vitres, de sièges rembourrés, d'une insonorisation, du chauffage et peut recevoir tous les équipements proposés en option sur les modèles normaux. La 1500 « de Luxe » existe en trois versions de carrosserie, coupé, cabriolet et Speedster. La deuxième version, la 1500 GS Gran Turismo, est une sportive pure et dure, très dépouillée, recevant un équipement bien plus spartiate. Elle est débarrassée de son insonorisation, n'a pas de chauffage, est dotée de sièges baquets et de vitres latérales, ainsi que d'une lunette arrière en plexiglas. Le capot moteur, en aluminium, en principe monté en série sur la GT, recevait des ouïes supplémentaires directement taillées dans la tôle, de chaque côté de la grille. En outre, son moteur développe 110 ch, soit 10 de plus que la 1500 GS de Luxe. Son arbre à cames offre une levée supérieure aux soupapes et elle est équipée de conduits d'admission et d'échappement polis à la main aux courbures différentes, ce qui explique sont temps de fabrication supérieur à celui de la de Luxe. La Grand Turismo est également dotée des freins différents de 60 mm, empruntés au très sportif Spyder RS. Contrairement à la « de Luxe », la « Gran Turismo » n'est pas proposée en cabriolet, une carrosserie moins aérodynamique que le coupé et aussi moins rigide structurellement, tout comme le Speedster mais qui, lui, présente en revanche l'avantage d'être moins lourd (et d'offrir une surface frontale moindre) et reste donc proposé en version Gran Turismo.

Signalons les records battus en mars 1957 par Rolf Goetze au volant d'un Speedster Carrera. Équipé d'un moteur spécial de 1529 cm³, doté d'un couvre-tonneau et d'un saute-vent pour améliorer son aérodynamique, il battit plusieurs records en moins de 2 litres sur 1 000 miles, 2 000 km et 12 heures. Il fit un tour du circuit de Monza à 205,4 km/h de moyenne, un temps à peine inférieur à celui des monoplaces du Grand Prix d'Italie qui se tint cette année-là sur le même circuit.

Ci-dessous.
Une version GT, destinée à la compétition, grâce à un taux de compression plus élevé de 9,8:1 délivre 140 ch. L'alimentation est assurée par deux carburateurs double corps inversés Weber 46 IDM-2, alors que la version routière reçoit des double corps inversés Solex 40 PII-4. La Carrera 2 gagne également des freins à disque aux quatre roues en remplacement des tambours.

Ci-dessus.
En 1962, comme les autres 356, la Carrera est pourvue de la carrosserie T6, immédiatement reconnaissable de l'arrière à ses deux grilles de capot moteur. On identifie aussi les Carrera par leurs sorties d'échappement ne passant pas par les butoirs de pare-chocs.

Gamme 1958 : 1500 GS de luxe, 100 ch, disponible en coupé, cabriolet, Speedster – 1500 GS Gran Turismo, 110 ch disponible en coupé et Speedster.
En 1958, la gamme Carrera est reconduite sans changement.
Gamme 1959 : 1600 GS de luxe, 105 ch – 1600 GS Gran turismo, 115 ch. Disponibles uniquement en coupé à partir du millésime 1959.
Comme la 356 normale, la Carrera passe à 1 600 cm^3 mais repose toujours sur deux modèles, tourisme et compétition, les 1600 GS de Luxe/105 ch et 1600 GS Gran Turismo/115 ch. Malgré leurs cylindrées de 1 600 cm^3, leur moteur n'est pas pour autant semblable à celui des 356 A normales. L'abandon de la catégorie sport de 751 à 1 100 cm^3 par la FIA s'accompagnait du passage de la catégorie supérieure de 1 500 cm^3 à 1 600 cm^3. Porsche profita évidemment de ce nouveau règlement pour améliorer les performances de son 4 cylindres à plat et obtenir son homologation dans cette nouvelle cylindrée. Pour le millésime 1959, la cylindrée des Carrera passe donc de 1 498 cm^3 à 1588 cm^3 par augmentation de l'alésage (87,5 x 66 au lieu de 85 x 66 mm). Klaus von Rücker, le directeur technique qui développa le moteur type 692, remplaça les paliers de vilebrequin à rouleaux par des coussinets lisses, ce qui constituait un vrai progrès, mais entrainait une surchauffe et nécessita l'installation de radiateurs d'huile. Ils furent montés à l'avant, derrière les grilles de clignotants et s'avérèrent particulièrement efficaces.
L'alimentation est assurée par deux carburateurs double corps inversés, Solex 40 PJJ-4 ou Weber 40 DCM-1. Parmi les nombreuses option, la carrera peut recevoir un différentiel autobloquant, un échappement sport et des roues à fixation centrale Rudge. Côté carrosserie, on note l'abandon des carrosseries cabriolet et Speedster, au profit du seul coupé, et l'adoption de capots en aluminium pour gagner quelques kilogrammes.
Gamme 1960 : 1600 GS Gran Turismo, 115 ch. Disponible uniquement en coupé.
En 1960, avec l'apparition des 356 B, la Carrera adopte elle aussi la carrosserie T5, comme toutes les autres 356, mais elle s'en distingue par ses pare-chocs sans butoirs et aux deux orifices entourant les clignotants avant dépourvus de barrettes chromées, pour quelques grammes de moins. En fait les véritables versions compétition se radicalisent encore un peu plus et abandonnent

souvent tous les éléments chromés. Après l'abandon des carrosseries ouvertes sur les Carrera, leur vocation sportive s'affirme encore un peu plus, puisque la version Carrera de Luxe disparait et que ne subsiste plus en principe que la version Gran Turismo fabriquée par Reutter.

Gamme 1961 : 1600 GS Gran Turismo, 115 ch. Disponible uniquement en coupé.

La carrera reste inchangée dans sa définition spartiate et sportive pour 1961.

Gamme 1962 : Carrera 2, 130 ch et Carrera GT, 140 ch. Disponible uniquement en coupé.

Pour 1962, grand bond en avant, la Carrera passe à 2 litres. Les 1 966 cm^3 sont obtenus simultanément par réalésage (92 au lieu de 90) et allongement de la course (74 mm au lieu de 66). Ce nouveau moteur délivre 130 ch à 6 200 tr/min permettant à la Carrera routière dont le taux de compression est de 9,5:1 de dépasser les 190 km/h. Une version GT, destinée à la compétition, grâce à un taux de compression plus élevé de 9,8:1 délivre 140 ch. L'alimentation est assurée par deux carburateurs double corps inversés Solex 40 PII-4 pour la version routière et Weber 46 IDM-2 pour la GT. La Carrera gagne également des freins à disque aux quatre roues en remplacement des freins à tambour. Uniquement disponible en coupé, la Carrera, comme les autres 356 B, adopte la carrosserie T6 et arbore désormais deux grilles de capot moteur chromées, une goulotte de remplissage sur l'aile avant droite et d'autres améliorations de détail (voir pages 52 à 59). Les versions préparées pour la compétition peuvent recevoir une goulotte de remplissage sur le capot. On note un particularisme à l'arrière, sous le pare-chocs, au milieu et de chaque côté des deux échappements, la jupe est percée d'ouïes verticales permettant de mieux évacuer l'air chaud du silencieux transversal. Les clients devront patienter puisque la voiture ne sera disponible qu'à partir de mars 1962.

Gamme 1963 : Carrera 2, 130 ch et Carrera GT, 140 ch. Disponible uniquement en coupé.

Pas de modification sur les Carrera pour l'année-modèle 1963.

Gamme 1964 : Carrera 2, 130 ch et Carrera GT, 140 ch. Disponible uniquement en coupé.

Avec l'apparition de la 356 C pour le millésime 1964, la Carrera 2 adopte toutes les modifications intervenues sur le modèle, mais ne subit aucun changement mécanique. Alors que la 356 C continue sa carrière jusqu'en septembre 1965 en versions 1600 C et 1600 SC, la Carrera voit la sienne prendre fin avec le millésime 1964. Il est vrai que le monde évolue, les Porsche aussi, et les sportifs disposent d'une arme redoutable avec la 904 GTS présentée en novembre 1963 (voir pages 92 à 99). Elle est équipée du 2 litres de la carrera poussé à 155 ch, mais cette fois en position centrale et reçoit une carrosserie en résine et fibre de verre. Ce

Ci-dessus.
Bien que Porsche ait supprimé la version de Luxe de la Carrera en 1960, une version route est proposée aux côtés des versions compétition en 1962. Les « routes » sont identiques aux 356 B T6 et 356 C, en dehors des sigles Carrera et des sorties d'échappement.

Ci-contre.
Cette vue en contre-plongée permet de bien voir les sorties d'échappements de la Carrera 2 passant au travers d'un panneau de carrosserie ajouré, pour améliorer le refroidissement du silencieux, disposé transversalement sous le pare-chocs.

Ci-dessus.
Le modèle compétition se distingue par l'absence de butoirs de pare-chocs, ainsi que par de nombreux autres détails destinés à l'allègement, comme les orifices d'avertisseur sans grille ou la poignée de coffre avant retirée. Ce modèle sans enjoliveurs et à goulotte de réservoir sur le capot avant a servi à l'homologation de la Carrera 2.

Ci-contre.
La version « route » de série de la Carrera 2 est animée par le deux litres double arbre dans une version 130 ch alimentée par deux carburateurs double corps inversés Solex 40 PII-4. Le silencieux horizontal a été découpé pour offrir une meilleure vue sur le bas moteur.

sera la dernière quatre cylindre à quatre arbres à cames en tête Porsche. Le nom de carrera renaitra en 1973 avec les fameuses 911 RS « queue de canard » puis sera prolongé sur les modèles 911 de série à partir de 1974.

Ci-dessous.
Une version compétition de la Carrera de 1963 (une 356 C donc), complètement dépouillée et dotée de tous les accessoires « sport ». On remarquera l'abaissement général de la carrosserie, le carrossage négatif des roues arrière et l'arceau de sécurité dans l'habitacle.

Ci-contre.
Sur les versions compétition, on pouvait opter pour une goulotte de remplissage du réservoir sur le capot avant, à la place de la goulotte de série dissimulée sous une trappe sur l'aile avant droite.

Ci-contre.
En plus des modifications à la mécanique, parmi les nombreuses options proposées sur la Carrera 2 destinée à la compétition figurait le pot d'échappement Sebring qui permettait de gagner quelques chevaux supplémentaires.

Production

Il a été construit 700 Carrera 356 A de 1956 à 1959 (1500 GS, GT 1500 GS, 1600 GS, GT 1600 GS), plus 40 Carrera 356 B (GT 1600 GS) en 1960 et 1961 et 310 Carrera 2 356 B en 1962, suivies de 126 Carrera 2 356 C en 1964 et 1965. Soit un total toutes versions confondues de 1 176 exemplaires, à rapprocher des 78 745 exemplaires de 356, 356 A, B et C, construits de 1949 à septembre 1965. Autant dire que cette rareté des modèles Carrera a fait monter les prix des authentiques exemplaires, déjà très supérieurs à ceux des autres 356 à l'époque, dans les ventes aux enchères de voitures de collection.

Une 356 B Carrera 2 à la Targa Florio de 1966. Engagée par Alfonso Merendino avec Gaetano Lo Jacono comme copilote, elle ne termina pas. Porsche domina outrageusement cette année-là avec cinq 906 aux cinq premières places, suivies de deux 911, une 906-8 et une 356 SC. Mais la 356 était déjà obsolète.

LES 356 AMERICA, SPEEDSTER, CONVERTIBLE D ET ROADSTER

Ci-dessus.
Max Hoffman était également présent à Chicago. On voit ici la vitrine de la concession vers 1955 sur laquelle on lit les noms de Jaguar, Mercedes-Benz, Porsche et Austin-Healey. Outre le Speedster Porsche, il fut à l'origine de plusieurs grandes sportives, la Mercedes-Benz 300 SL, la BMW 507, la Lancia Aurelia Spider, l'Alfa Romeo Giulietta Sprint…

Pour beaucoup, le Speedster 356 est sûrement la plus belle ou tout au moins la plus typée des 356. Elle ne fut pourtant pas la première 356 spéciale, puisque le premier épisode de l'histoire du Speedster commence avec le roadster America de 1952. Le prototype à moteur central était sans doute prémonitoire, mais le roadster America de

Ci-contre.
C'est sous l'impulsion de Maximilian Edwin Hoffman, dynamique importateur de voitures « exotiques » aux États-Unis, parmi lesquelles Mercedes-Benz, Jaguar, BMW, Austin-Healey, Bentley, Cooper, Rover, Lea Francis, Morgan et, bien sûr, Porsche - dès 1950 - qu'une série spéciale de 16 roadsters America fut réalisée en 1952 par Porsche.

Roadster America (avril 1952 - novembre 1952)

Le roadster America utilise intégralement la plate-forme technique de la 356 avec le moteur en porte-à-faux à l'arrière. Comme nous l'avons dit plus haut, c'est Max Hoffman qui en est à l'origine. Il était né Maximilian Edwin Hoffmann à Vienne en 1904 d'une mère catholique et d'un père juif. Il travaillait dans l'usine de bicyclettes familiale et avait entamé très tôt une carrière de pilote moto. Puis, il avait fondé une agence d'importation, Hoffmann & Huppert, qui importait Alfa Romeo, Bentley, Delahaye, Rolls-Royce, Talbot et Volvo à Vienne. Après l'Anschluss, en 1938, il quitta Vienne pour Paris, mais lorsque les nazis envahirent la France en 1940, il se réfugia aux États-Unis, à New York, où il devint Max Hoffman (avec un seul N). Il ouvrit un show room en 1947 et reprit les affaires où il les avait laissées. Son espace commercial de New York, dessiné par Frank Lloyd Wright, avait une vitrine sur Park Avenue. La première voiture qu'il exposa fut une Delahaye carrossée par Figoni & Falaschi, donnant par là le ton de son affaire. Au fil des ans, il importa tout ce que le vieux continent comptait de marques sportives ou prestigieuses, Alfa Romeo, Allard, Aston Martin, Austin-Healey, Bentley, BMW, Cooper, Fiat, Jaguar, Jowett, Lancia, Lea-Francis, Mercedes-Benz, Morgan, Rolls-Royce, Rover, mais aussi Simca et Volkswagen. Il avait connu Ferdinand Porsche, qu'il admirait, avant la guerre. Il était un ami d'Anton Piëch, le mari de Louise, la fille du professeur. Après la guerre, il avait acheté deux Porsche 356, dès qu'il avait eu connaissance de leur existence. Il s'était rendu au Salon de Paris suivant, en octobre 1950, où il avait rencontré Ferry Porsche, par l'intermédiaire du journaliste suisse Max Troesch, et lui avait demandé de lui confier l'importation de ses voitures en Amérique. Toujours prudent, Ferry Porsche estima qu'il pourrait écouler cinq voitures par an, ce à quoi Hoffman aurait répondu que l'affaire n'avait aucun intérêt pour lui s'il n'en écoulait pas au moins cinq par semaine ! Il n'y parvint pas en 1951, écoulant « seulement » 32 modèles, mais dès 1952 il atteignait le chiffre de 283 unités ce qui représentait environ 20% de la production annuelle de Porsche... Mais Hoffman voulait un modèle d'accès plus abordable pour sa clientèle sportive. Il pensait qu'un modèle moins cher, à la carrosserie dépouillée et aux équipements minimalistes, volontairement différent du cabriolet 356, devrait en principe séduire les clients américains et plus particulièrement en Floride ou en Californie où le climat permet de se contenter d'une capote symbolique et devrait surtout convenir aux conducteurs sportifs et aux pilotes amateurs qui trouveraient dans cette version spartiate et plus légère de la 356 une monture idéale pour les courses de clubs.

Inutile de dire qu'il n'était pas question de ne pas satisfaire sa demande. C'est ainsi que fut conçu le Roadster America. Plus léger d'une soixantaine de kilos que le cabriolet, le roadster America se distingue au premier coup d'œil par ses portières échancrées, sa croupe plus arrondie, son pare-brise légèrement plus bas et

Ci-dessus.
Le roadster America reprenait intégralement la plate-forme technique de la 356 mais sa carrosserie était différente de celle du cabriolet avec ses portes échancrée et son arrière plus plat. La capote symbolique et l'absence de vitres latérales convenaient parfaitement au climat californien.

1952 peut être considéré comme la véritable esquisse du Speedster de série. C'est à la demande de Max Hoffman, un dynamique importateur de voitures « exotiques » aux États-Unis - parmi lesquelles des Porsche, dès 1950 ! - qu'une série spéciale de 16 roadsters America fut réalisée en 1952 par l'usine Porsche. En septembre 1954, Porsche renouvelait l'expérience avec un modèle plus abouti qui allait connaître un succès inespéré, le Speedster.

Ci-dessus.
Le roadster décapoté affiche encore mieux sa différence avec les coupés et cabriolets 356. L'arrière avec son aile plus marquée évoque un peu la Jaguar XK 120. Celui-ci est dépourvu de ses enjoliveurs de roues. Seize exemplaires furent construits par le carrossier Gläser entre avril et novembre 1952 dont un seul resta en Allemagne chez Porsche.

Ci-dessous.
Ce roadster America porte les stigmates d'une carrière en compétition agitée. Il conserve son pare-brise mais a été débarrassé de ses pare-chocs comme tous ceux qui couraient et on note de nombreux accrocs à sa carrosserie en aluminium. L'accès à la mécanique, déjà difficile sur une 356 normale, semble encore plus compliqué par la petite trappe arrière du roadster.

Ci-dessus.
Sa légèreté, son moteur 1500 S, extrapolé du 1500 de série, développant 70 ch à 5 500 tr/mn (10 de plus que le 1500 normal) donnant un rapport poids/puissance de 8,7 kg/ch lui permettent de se mesurer avec des voitures de cylindrée supérieure dans les courses de club du SCCA (Sports Car Club of America). Ici un roadster débarrassé de son pare-brise remplacé par un saute-vent au départ d'une course en 1953.

l'absence de vitres latérales descendantes. Son moteur est lui aussi caractéristique puisqu'il s'agit d'un 1500 S, extrapolé du 1500 de série, développant 70 ch à 5 500 tr/min, contre 60 ch à 5 000 tr/min pour le 1500 normal. Son rapport poids/puissance de 8,7 kg/ch lui permet de se mesurer avec des voitures de cylindrée supérieure et en fait le roi de sa catégorie dans les courses de club. Max Hoffman, à la demande duquel il a été réalisé, ne visait pas seulement une jeunesse dorée avide de décapotables européennes, mais de vrais sportifs qui voulaient aussi de vraies performances.

Seize exemplaires furent réalisés par le carrossier Gläser entre avril et novembre 1952 dont un seul ne fut pas exporté aux États-Unis et resta à l'usine. La courte vie de l'ancêtre du Speedster s'arrêta là, mais il allait générer un besoin dont Max Hoffman allait à nouveau se faire l'écho auprès de l'usine qui cédera finalement à ses désirs et proposera, à partir de septembre 1954, le fameux Speedster. Une nouvelle histoire, bien plus longue et plus rémunératrice commençait pour cette 356 si particulière.

Ci-dessus.
Un seul des seize roadster America est resté en Allemagne. Il avait été exposé au Porsche Museum une première fois en 2009 et il fait aujourd'hui partie de la collection permanente. Compte tenu de sa restauration, il est fort probable que ce ne soit pas celui qui est resté en Allemagne en 1953.

356 Speedster, Convertible D et Roadster (septembre 1954- novembre 1961)

Aujourd'hui qu'il atteint des sommets dans les ventes aux enchères, on a oublié que le Speedster avait d'abord été conçu comme un modèle économique et spartiate d'entrée de gamme, débarrassé de tout superflu. Son nom imagé de Speedster évoque à la fois la vitesse (speed) et la conduite au grand air avec le suffixe « ster » emprunté au mot roadster qui désigne un cabriolet dépouillé, destiné à la conduite sportive. Le Speedster était en effet le modèle le moins cher de la gamme. En 1958, un coupé 1600 valait 12 700 F, un Hardtop 13 600 F, un cabriolet 13 900 F et le Speedster seulement 11 500 F. Les choses ont bien changé… Ce dépouillement, outre son moindre prix, eut comme corollaire d'en faire un modèle très performant en raison de sa légèreté, secondée en outre par une meilleure aérodynamique du fait se sa surface frontale réduite. Cette sportivité lui valut un succès d'estime phénoménal, notamment outre-Atlantique, même si le succès commercial fut loin d'atteindre les mêmes sommets que sa renommée. C'est sûrement la plus désirable et la plus typique des 356. Son caractère sportif, le dénuement extrême de sa carrosserie et l'aspect spartiate de son intérieur en font un modèle sans concession qui ne peut que séduire les amoureux de sportives de caractère. Son allure typée avec son pare-brise plat et arrondi, ses lignes à la pureté irréprochable, ses rondeurs évocatrices en ont fait un mythe instantané pour les pilotes amateurs américains auxquels il était initialement destiné. L'engouement gagna rapidement le vieux continent.

Le vrai Speedster n'apparaît qu'en septembre 1954, un an avant la présentation de la 356 A. Comme pour le roadster America, c'est donc Max Hoffman, l'importateur américain, qui est à son origine. En septembre 1954, Hoffman avait doublé ses objectifs et vendait plus de dix voitures par semaine. À leur apogée, les concessions de Max Hoffman représentaient 70% des ventes de Porsche ! Après l'essai réussi du Roadster America, lorsqu'il avait souhaité un vrai roadster de série, il avait été difficile de lui refuser quoi que ce soit, d'autant qu'il s'engageait à acheter les modèles demandés, ce qui devait largement couvrir les frais d'étude. Le risque était donc limité pour Porsche. La requête d'Hoffman est toujours la même, il a besoin d'une 356 moins chère, plus exclusive et plus sportive que le cabriolet pour sa clientèle. Porsche lui concocte le Speedster qui reprend la recette du roadster America mais, cette fois, pour faciliter la production, il est construit sur la base du cabriolet de série, dont il reprend intégralement la plate-forme technique et la carrosserie, sans le pare-brise en V. À la place, on a greffé une vitre galbée et plus inclinée aux coins arrondis. Les épais montants de pare-brise ont cédé la place à

Ci-dessus.
Le premier Speedster fut développé en 1954 sous le même nom de type 540 que le Roadster America. Il prenait pour base le cabriolet dont il conservait intégralement la plate-forme et la carrosserie à l'exception du pare-brise en V, remplacé par un vitrage courbe très aplati serti dans un léger cadre chromé.

Ci-contre.
L'image représente probablement le prototype du Speedster qui reprend la carrosserie du cabriolet 356 « pré-A », sans baguette de protection sur les bas de caisse. On notera également qu'il n'est pas équipé du jonc chromé caractéristique passant au niveau de la poignée de porte dont cet exemplaire est par ailleurs dépourvu.

Ci-dessus.
Le second show room de Max Hoffman à New York avait été dessiné par Frank Lloyd Wright. Cette merveille d'architecture a aujourd'hui été remplacée par une banque. On voit ici un Speedster dont il est difficile de préciser le millésime, en revanche le cabriolet à droite est de 1955 avec ses grilles de clignotants et son pare-brise en V sans montant central.

Ci-contre.
Un autre show room exposant un Speedster 356 A reconnaissable au petit écusson Porsche de la poignée de coffre. Brittsan Motors, qui représentait également Mercedes-Benz et Volkswagen, était installé au 1945 Mono street à Fresno en Californie, à mi-chemin entre Los Angeles et Sacramento.

Une image qui symbolise parfaitement la raison d'être du Speedster, satisfaire la clientèle sportive américaine. Même dans sa version de base, le Speedster offrait des performances supérieures au coupé et au cabriolet du fait de sa légèreté et de sa moindre surface frontale.

Ci-dessus.
Tous les aspects techniques du Speedster s'alignaient sur les autres 356, notamment, bien sûr, son moteur. On voit ici un 1500 de 1955 qui disparut au millésime suivant avec l'apparition des 356 A qui adoptaient une version 1600 du quatre cylindres à plat.

Ci-dessous.
La majorité des Speedster sont des 356 A, comme celui-ci, avec 2 922 exemplaires sur les 4 822 Speedster construits. Le Roadster (356 B), produit de septembre 1959 à la fin de 1961, arrive en second avec 2 653 unités, suivi des 1 900 Speedster pré-A fabriqués en 1955 et des 1 330 Convertible D produits d'août 1958 à septembre 1959. Soit un total de 8 805 exemplaires toutes versions confondues.

un encadrement chromé fin, plus léger, la capote a été réduite à sa plus simple expression et les vitres latérales ont été remplacées par des panneaux de toile amovibles. La pureté des lignes est saisissante et le pare-brise lui confère une modernité et une légèreté visuelle qui manque au coupé et au cabriolet. Du fait de l'adoption de ce pare-brise spécifique, l'auvent a été modifié et le Speedster reçoit un tableau de bord différent des autres 356. Les trois cadrans, au lieu d'être alignés, sont disposés en triangle sous une visière arrondie. À l'extrême gauche, une poignée de maintien chromée. Entre les compteurs et la poignée, rien que la tôle peinte, si caractéristique des voitures de l'époque, et le nom Porsche entre deux baguettes chromées. En principe les sièges baquets étaient de rigueur mais certains clients spécifiaient les sièges-fauteuils du cabriolet, plus confortables pour le tourisme. Côté moteur, aucune particularité, le Speedster n'étant qu'une variante de carrosserie qui reçoit toutes les mécaniques proposées sur les coupés et cabriolets, 1300 A/44 ch, 1300 S/60ch, 1500 Dame/55 ch ou 1500 S/70 ch. Toutefois, on a estimé que le Speedster méritait son propre vilebrequin en aluminium et non celui emprunté à la Volkswagen.

Gamme 1955 : 1300 A/44 ch, 1300 S/60ch, 1500 Dame/55 ch et 1500 S/70 ch. (Voir ci-dessus).

Le Speedster 356 « pré-A » ne connaît donc qu'un millésime, 1955. On reconnaît certains des premiers exemplaires à l'absence de jonc chromé au-dessus des passages de roue. Pendant un moment, au cours de l'année 1955, Hoffman utilisa le nom de Continental pour les modèles 1500, avec un magnifique lettrage chromé entre le passage de roue avant et la porte. Ford qui avait déjà utilisé le nom pour ses Lincoln demanda à ce qu'il soit retiré, ce que fit Hoffman pour éviter un procès. Il sera construit 1 900 exemplaires du Speedster, entre septembre 1954 et septembre 1955 par le carrossier Reutter qui est chargé de sa fabrication. Le Speedster rencontre un grand succès aux États-Unis, surtout médiatique, car le prix des Porsche est tout simplement exorbitant outre-Atlantique, même le Speedster qui était pourtant le modèle le moins cher.

Gamme 1956 : 1300/44 ch, 1300 S/60ch, 1600 Dame/60 ch ou 1600 S/75 ch et Carrera 1500 GS/100 ch.

Pour le millésime 1956, le Speedster devient 356 A, comme les autres 356 et reçoit les mêmes modifications de carrosseries. On le distingue au premier coup d'œil du Speedster pré-A à la baguette de protection des bas de caisse dont étaient apparemment privés certains des premiers exemplaires et à son jonc latéral chromé qui affine la ligne, bien qu'apparemment de nombreux Speedster « pré-A » en aient déjà été dotés, peut-être parfois a posteriori au cours d'une restauration. Le Speedster suit toutes les évolutions techniques et esthétiques des coupé et cabriolet en conservant son pare-brise surbaissé comme spécificité, son tableau de bord, sa capote symbolique et ses panneaux latéraux amovibles à la place des vitres descendantes du cabriolet. Comme les coupés et cabriolets, il reçoit au choix l'un des deux 1300, de 44 ou 60 ch, ou l'un des deux nouveaux 1600, de 60 ou 75 ch. Le Speedster peut bien sûr être aussi équipé du nouveau moteur Carrera de 1 500 cm^3 à double arbre à cames en tête développant 100 ch. Grâce à son dépouillement, à sa surface frontale réduite et à sa légèreté, le Speedster Carrera est une redoutable sportive aux mains des amateurs avertis.

Le lettrage Continental, vu sur quelques-uns des premiers Speedster pré-A importés par Max Hoffman outre Atlantique et retiré à la demande de Ford, fut remplacé très brièvement par le nom European sur les 1500 et par celui d'America sur quelques Speedster 356 A. Mais Hoffman cessa rapidement et adopta finalement la nomenclature Porsche, sans nom, juste celui de Speedster. En 1956, aux États-Unis, une Ford Thunderbird valait 3 150 dollars, alors qu'un Speedster standard à moteur 1600 valait 3 125 dollars. Il fallait ajouter 400 dollars pour une 1600 Super et carrément 2 000 dollars si l'on optait pour un moteur Carrera. Il fallait

être vraiment mordu pour acheter une version Carrera en Amérique, que ce soit un coupé, un cabriolet ou un Speedster. Comme indiqué dans le chapitre 9, rappelons qu'en France, en 1958, un coupé 1600 valait 12 700 F et un Speedster équipé du même moteur seulement 11 500 F. Pour les versions Carrera, le différentiel de prix était moins important qu'en Amérique puisqu'un coupé Carrera 1500 GS valait 18 500 - soit un surplus de 5 800 F - et le Speedster Carrera 1500 GS 17 300 F – soit 6 000 F de plus. Près de 3 000 Speedster 356 A construits par Reutter viendront s'ajouter aux 1 900 pré-A déjà construits par le même carrossier.

Gamme 1957 : 1300/44 ch, 1300 S/60ch, 1600/60 ch, 1600 S/75 ch et Carrera 1500 GS de Luxe/100 ch et Carrera 1500 GS Gran Turismo/110 ch.

Le Speedster reçoit les nouveaux feux arrière oblongs intégrant les clignotants et l'éclairage de plaque minéralogique par le bas, ainsi que les échappements passant à travers les butoirs de pare-chocs (sauf sur les versions Carrera, comme c'est également pour les coupés et cabriolets). Des jantes chromées à fixation centrale sont proposées en option. Les versions Carrera du Speedster se scindent en deux modèles, 1500 GS de Luxe de 100 ch et 1500 GS Gran Turismo de 110 ch (cette dernière avec les freins à tambour du Spyder de compétition), comme pour les coupés et cabriolets.

Gamme 1958 : 1600/60 ch, 1600 S/75 ch et Carrera 1500 GS de Luxe/100 ch et Carrera 1500 GS Gran Turismo/110 ch.

Comme les autres 356, le Speedster abandonne les versions 1300 qui sont supprimées du catalogue. Seules subsistent les 1600, en versions 60 et 75 ch, et les Carrera 1500 GS de Luxe et Gran Turismo. En dehors de cela, aucun changement mécanique ou esthétique pour ce millésime 1958,

Gamme 1959 : 1600/60 ch, 1600 S/75 ch.

Septembre 1958 marque un tournant dans la carrière du Speedster qui change de nom en perdant son petit pare-brise arrondi si

Ci-dessus.
En toute logique, le Speedster étant construit sur la plate-forme d'un cabriolet de série et en reprenant la carrosserie sans le pare-brise, il en suit toutes les évolutions tant mécaniques qu'esthétiques. En revanche l'intérieur est complètement différent, notamment le tableau de bord.

Ci-dessous.
La baguette latérale permettait d'affiner la ligne et de gommer l'aspect « rondouillard » de la 356, accentué par le pare-brise très bas. On notera que, non seulement il est plus bas, mais qu'il est aussi plus incliné, offrant une moindre surface frontale et une meilleure pénétration.

Ci-dessus.
Difficile d'imaginer des volumes et des lignes plus pures. Sur ce Speedster de 1956, on retrouve tous les attributs d'une 356 A, notamment la nouvelle poignée de coffre avec l'écusson Porsche apparue en 1956. En revanche, le Speedster avait devancé le pare-brise bombé des coupé et cabriolet 356 A.

caractéristique et devient Convertible D. La lettre D désigne le carrossier Drauz qui est désormais chargé de la production à la place de Reutter. Drauz avait été fondé en 1900 par Gustav Drauz (1872-1951) à Heilbronn, dans le Land de Bade-Wurtemberg, et construisait les carrosseries des voitures de tourisme pour la firme NSU. Après la Première Guerre mondiale, la firme se spécialisa dans les cabriolets. Walter Drauz (1902-1972) prit la direction en 1925 et Adler et Fiat devinrent clients pour leurs cabriolets de série, puis, à partir de 1929 Ford devint le principal client de la firme qui orienta ses activités vers les poids lourds et les autobus après 1933. Après la Seconde Guerre mondiale, la firme reprit la construction de poids lourds pour Büssing et Henshel et celle des autocars Setra. Après avoir fabriqué les Convertible D pour Porsche d'août 1958 à septembre 1959, Drauz fut racheté par NSU en 1965. Après de multiples rachats et concentration, Drauz devint Krupp Drauz puis intégra le groupe Thyssen Krupp et disparut finalement dans ThyssenKrupp System Engineering. Présenté au Salon de Paris en septembre 1958, le Convertible D se distingue du Speedster par son pare-brise moins galbé et plus haut, doté d'épais montants chromés à la place du fin cerclage des modèles précédents. Une différence certes minime mais qui prive ce modèle si typique d'une partie de son charme, lui conférant un aspect moins dépouillé. Il gagne également des vitres latérales descendantes, plus pratiques que les panneaux amovibles du Speedster et, à l'intérieur, les sièges baquets sont remplacés par des sièges de 356 A, plus confortables et, surtout, il est doté d'une vraie capote étanche. Comme on peut le voir, la différence avec le cabriolet s'amenuise sensiblement et cette nouvelle mouture présente finalement assez peu d'intérêt en dehors d'une certaine exclusivité, pourtant de moins en moins visible. Signe supplémentaire de l'embourgeoisement du convertible D par rapport au Speedster, il n'est plus proposé avec le moteur double arbre de la Carrera. Il est vrai qu'avec l'augmentation de la puissance, les pilotes avaient petit à petit délaissé le Speedster pour les versions Carrera coupé, désormais bien plus efficaces. Même si le Speeds-

Ci-contre.
Le caractéristique lettrage Porsche en lettres bâtons soulignées a peu changé depuis l'origine de la marque jusqu'à aujourd'hui. Les grilles chromées incluant les clignotants de ce Speedster 356 A de 1956 sont apparues sur les dernières « pré-A » du millésime précédent.

Ci-dessus.
De l'arrière, on peut reconnaître le modèle 356 A de 1956 par son éclairage de plaque au-dessus de celle-ci, le modèle 1957 adoptant un éclairage par le bas en même temps que les feux en amande et les échappements dans les butoirs de pare-chocs. On apprend de plus qu'il s'agit d'une version 1600 Super.

Ci-contre.
Si la carrosserie du Speedster suit servilement les évolutions des autres 356, il n'en va pas de même avec l'intérieur qui est complètement différent, notamment le tableau de bord. Une caractéristique qui avait été dictée par l'adoption d'un pare-brise différent des autres 356 entrainant un remodelage de l'auvent. Le volant de celui-ci n'est pas d'origine.

ter avait l'avantage d'une moindre surface frontale, il était quand même moins aérodynamique que le modèle fermé, tout comme le cabriolet. La motorisation Carrera avait un temps suffi à gommer cette différence, grâce au rapport poids/puissance plus favorable du Speedster. On voyait même parfois des Speedster courir avec un hardtop, en quête d'une meilleure aérodynamique et d'un surcroît de rigidité. Mais, avec l'augmentation de la puissance, l'avantage s'amenuisa et la rigidité structurelle du Speedster ne s'avéra plus suffisante pour encaisser ces nouvelles contraintes. De ce fait, les motorisations double arbre Carrera 1600 GS de luxe 105 ch et 1600 GS Gran Turismo 115 ch, sont désormais uniquement proposées sous forme de coupé et plus sous leur forme Speedster et cabriolet à partir du millésime 1959. Le modèle Convertible D connaitra un seul millésime dont Drauz fabriquera 1 330 exemplaires entre août 1958 et septembre 1959.

Aux États-Unis, Max Hoffman, l'initiateur du Speedster, voit son influence fortement diminuée. L'entente n'avait pas toujours été facile avec la maison-mère, notamment en ce qui concernait la qualité du service après-vente, essentielle pour Porsche qui estimait qu'elle était une garantie pour les clients et un moyen de fidélisation inestimable. Devant l'importance du marché américain, son premier marché extérieur depuis 1951 qui semblait lui être désormais acquis, Porsche avait décidé de créer en 1959 sa propre filiale outre-Altantique, Porsche of America Corporation, installée à Teaneck dans le New Jersey, pour assurer l'importation et la diffusion de ses modèles en Amérique avec six filiales réparties dans le pays, ne laissant à Hoffman que la côte est. Cet état de fait dura jusqu'en 1964, lorsque Hoffman cessa d'importer les Porsche aux États-Unis.

Gamme 1960 : 1600/60 ch, 1600 S/75 ch, 1600 S/90 ch.

À l'apparition de la 356 B, le Convertible D, rebaptisé Roadster en cours de millésime, reprend bien sûr toutes les caractéristiques et toutes les motorisations du nouveau modèle. Le Roadster qui remplace le Convertible D est désormais construit par D'Ieteren frères à partir de février 1961.

L'entreprise de charronnage et de construction de véhicules hippomobiles D'Ieteren frères fut fondé à Bruxelles en 1805 par Joseph-Jean D'Ieteren. Comme de nombreuses entreprises spécialisées dans l'hippomobile, elle évolua tout naturellement vers l'automobile au début du XXe siècle. Elle développa ensuite des activités vers l'importation à partir de 1931 et l'assemblage de voitures et de camions Studebaker en 1935. Après la Seconde Guerre, elle se consacra à l'importation avec Volkswagen en 1948, puis Porsche en 1950. Aujourd'hui D'Ieteren Auto importe et distribue en Belgique les marques du groupe VAG (Volkswagen, Audi, Seat, Skoda, Bentley, Lamborghini, Bugatti et Porsche), avec des concessionnaires indépendants à travers tout le pays de Bruxelles à Anvers, et propose des services de location longue durée. D'autre part sa filiale D'Ieteren Sport distribue Yamaha en Belgique et au grand-duché de Luxembourg. Signalons également qu'en avril 2006, l'un des héritiers du carrossier renoua avec le monde de la carrosserie en ressuscitant l'entreprise milanaise Touring. Depuis, la société Carrozzeria Touring Superleggera Srl présente régulièrement des études de style dans les Salons et aux concours d'élégance. Le groupe possède également le fabricant italien de roues à rayons Borrani. Il existe un musée, la D'Ieteren Gallery, au 50 de la rue du Mail, à Ixelles, près de Bruxelles.

En fait, malgré ce changement de constructeur, le Roadster reprend le flambeau du Convertible D sans subir aucune modification esthétique, il conserve son pare-brise à gros montants

Ci-dessous.
En plus de son pare-brise et de son jonc latéral chromé, le Speedster recevait une inscription Speedster sur le haut des ailes avant, juste au-dessus du jonc. Le blason Reutter était lui aussi commun à tous les Speedster qui étaient tous construits par le carrossier de Stuttgart.

Ci-dessus.
Ces deux Speedster de 1958 affrontent la pluie avec leur capote symbolique. Inutile de dire que capote fermée et panneaux latéraux en place, l'atmosphère est pour le moins confinée à l'intérieur, sans parler de la visibilité réduite et de l'aération limitée.

chromés et ses baguettes latérales chromées ainsi que toutes ses autres caractéristiques. Sa production s'arrêtera à la fin de l'année, après 3 983 exemplaires, dont seulement 944 sont des Convertible D construits par Drauz (châssis 85887 à 86830) à la fin de l'année 1959 et au tout début de 1960.

Gamme 1961 : 1600/60 ch, 1600 S/75 ch, 1600 S/90 ch.
Pas de changement pour le Roadster de l'année-modèle 1961, mais les versions 1600 S-90 reçoivent des amortisseurs Koni, comme les coupés et cabriolets.

Gamme 1962 : 1600/60 ch, 1600 S/75 ch, 1600 S/90 ch.
Bien qu'aucun roadster n'ait été fabriqué au cours de l'année calendaire 1962, les Roadster construits par D'Ieteren après le 30 juin 1961 sont néanmoins des modèles 1962, le millésime automobile débutant à l'époque le 1er juillet. Ce sont les derniers de cette lignée si particulière de la 356.

Production

Il n'y aura donc eu que 4 822 Speedster, répartis en 1 900 modèles pré-A et 2 922 Speedster 356 A, auxquels s'ajoutent 1 330 exemplaires de 356 A Convertible D et 2 653 exemplaires de 356 B Roads-

Ci-dessous.
La photo est datée Bruxelles 1959, mais apparemment il s'agit d'une erreur car on a encore affaire à un vrai Speedster avec son pare-brise arrondi. Même en tenant compte du fait que le Salon de Bruxelles a lieu en janvier, le Speedster a de toute façon laissé place au Convertible D au Salon de Paris en septembre 1958.

Ci-dessus.
Le Convertible D dénature le concept du Speedster en s'embourgeoisant. Son nouveau pare-brise lui ôte une partie de son charme et il reçoit désormais des vitres latérales descendantes, comme le cabriolet. Il connaitra un seul millésime sous cette appellation, celui de 1959. Il est construit par le carrossier Drauz de Heilbronn, d'où le D de son nom.

ter, soit un total de 8 805 exemplaires toutes versions confondues, construits de septembre 1954 à la fin de 1961. Un chiffre à rapprocher de la production cumulée tous modèles confondus de la 356 depuis son origine qui s'élève à 78 745 exemplaires. Le Speedster et ses déclinaisons ne représentent donc qu'un dixième des 356. Si l'on enlève les Convertibles D et les Roadster pour ne conserver que les vrais Speedster, le pourcentage chute à un vingtième de la production. Cette rareté explique indubitablement les scores obtenus récemment dans les ventes aux enchères.

Épilogue

En octobre 1987, surprise sur le stand Porsche du Salon de Francfort, un Speedster était dévoilé sur base de 911 Carrera 3,2 litres, 33 ans après la présentation du premier Speedster 356. Le pare-brise reprenait la forme arrondie et surbaissée caractéristique des premiers Speedster 356. Il pouvait recevoir un couvre-tonneau ne laissant que la place conducteur libre. De plus, le pare-brise était amovible, mais dans ce cas le Speedster n'était plus homologué que pour le circuit. Une version Turbo

Ci-dessous.
Le Roadster adopte la carrosserie des 356 B et reprend le même pare-brise agrandi que le Convertible D avec son encadrement plus épais que celui du Speedster. Comme lui, il conserve le jonc chromé, sorte de dernier vestige du Speedster.

Ci-contre.
On voit ici une version 356 B T6 millésime 1962, construite par D'Ieteren après juillet 1961. Comme on peut le constater sous cet angle, le pare-brise du Roadster est nettement plus grand que celui du Speedster. La visibilité et le confort en sont améliorés une fois capoté.

Ci-dessous.
La version T6 du Roadster, comme ses prédécesseurs, est doté d'un tableau de bord différent des coupé et cabriolet. Il reprend le même agencement que sur le Speedster et le convertible D avec ses trois cadrans face au conducteur et son épais bourrelet supérieur. On notera les sièges baquets de série.

Ci-dessous.
Comme sur les Speedster précédemment, on retrouve toutes les caractéristiques des autres 356 sur lesquelles le Roadster s'aligne, comme ici la version T6 apparue en septembre 1961. Bien qu'il reprenne des éléments de confort du cabriolet, le Roadster reste toutefois moins cher de plus de 10% que celui-ci.

look, particulièrement agressive, était également disponible. Malheureusement elle n'avait que l'apparence de la Turbo ne pouvant recevoir que le 3,2 litres atmosphérique. Il fut commercialisé 2 065 exemplaires de cette 911 très spéciale, tous du millésime 1989, preuve s'il en fallait que le mythe du Speedster n'était pas mort. D'autant qu'une nouvelle résurrection de la carrosserie Speedster fait son apparition sur 911 type 991 en 2018 pour clore cette septième génération de la 911. Elle est proposée uniquement en Guards Red, la même couleur que la 911 Speedster de 1989. De petits rétroviseurs obus viennent confirmer le clin d'œil au premier Speedster tout comme le

Ci-contre.
À partir de février 1961, le Roadster est construit par D'Ieteren frères, à Bruxelles, sans subir aucune modification esthétique par rapport au Convertible D, construit par Drauz. Il reprend bien sûr toutes les caractéristiques et toutes les motorisations de la nouvelle 356 B.

lettrage Speedster sur les broderies d'appuie-têtes et sur les montants latéraux qui reprend la même typographie que sur les 356. Ce Speedster moderne est équipé du six cylindres atmosphérique de la GT3 de 500 ch ! Il sera construit à seulement 1 948 exemplaires ce qui correspond à l'année de naissance de la marque Porsche. Les livraisons n'intervenant que dans le courant du premier semestre 2019.

Ci-contre.
En octobre 1987, 33 ans après la présentation du premier Speedster 356, un Speedster sur base de 911 Carrera 3,2 litres est dévoilé sur le stand Porsche au Salon de Francfort. Son pare-brise arrondi et surbaissé évoque les premiers Speedster 356. Il en fut construit 2 065 exemplaires.

Ci-dessous.
Les mythes ont décidément la vie dure. En 2018, pour ponctuer la septième génération de 911, nouvelle résurrection de la carrosserie Speedster sur base de 911 type 991. Ce Speedster moderne, équipé du six cylindres de 500 ch de la GT3, ne sera construit qu'à 1 948 exemplaires, un chiffre qui évoque l'année de naissance de la marque Porsche.

LES PORSCHE SPÉCIALES À MÉCANIQUE 356

Au fil des millésimes, aux côtés des voitures de série, Porsche a développé quelques modèles spéciaux, pour la plupart destinés à la compétition, utilisant tout ou partie de la plate-forme technique de la Porsche 356.

En haut.
Le coupé 4 places type 530, développé par Porsche en même temps qu'un cabriolet, en 1951. Malgré des essais très poussés, les prototypes en restèrent là, probablement faute de trésorerie pour une aventure aussi risquée.

Ci-dessous.
La seconde Porsche 550 (châssis 550-02) différait par quelques détails, comme les phares d'appoint intégrés ou les évents et la goulotte de remplissage sur les flancs arrière. Elle termina 16e avec Hans Herrmann et Helm Glöckler à son volant aux 24 Heures du Mans 1953.

Ci-dessus.
Carrossée par Weidenhausen, la première Porsche 550 (châssis 550-01) ne pesait que 560 kg. Grâce à son excellent rapport poids/puissance, elle pouvait atteindre les 200 km/h équipée du moteur culbuté de 75 ch de la 1500 S. Elle termina 15e, 1e de la classe 1 101-1 500 cm^3 aux 24 Heures du Mans 1953 avec l'équipage Richard von Frankenberg/Paul Frère.

356 Type 530 (1951)

En 1951 une version 4 places de la 356, dessinée par Erwin Komenda, fut construite sur un empattement de 2,40 m au lieu de 2,10 m, sous forme de coupé et de cabriolet, par Porsche. Malgré des essais très poussés, le projet n'eut pas suite, sa construction et sa mise au point auraient exigé un investissement que Porsche n'était probablement pas en mesure de financer à l'époque et surtout représentait un risque commercial dont le retour sur

Ci-dessus.
Le premier Spyder 550 réalisé à la fin de 1953, lui aussi carrossé par Weidenhausen, admiré par les fils de Ferry Porsche. Debout à l'arrière-plan en pantalon de golf, Hans-Peter (né en 1940), Ferdinand « Butzi » Alexander (1935-2012), Gerhard (né en 1938) et, montant dans la voiture, Wolfgang (né en 1943).

En cartouche.
Le même Spyder avec les mêmes, Hans-Peter, Gerhard, Butzi et Wolfgang. Butzi, l'aîné, sera designer et dessinera notamment la 904 et la 911, coupé et Targa, avant de fonder son propre studio de design, Porsche Design, après l'éviction de la famille Porsche de la société automobile par Ferry.

investissement était loin d'être garanti. L'idée n'est pas abandonnée pour autant car, par la suite, plusieurs modèles à quatre places, y compris des berlines quatre portes, seront commandés par Porsche à des carrossiers extérieurs.

Ci-contre.
Toujours le premier Spyder 550 dont on peut apprécier sous cet angle la partie arrière qui sert de dossier à l'habitacle et les étranges butoirs. On notera les quatre sorties d'échappement et les roues à fixation centrale.

Ci-contre.
Au volant d'une 550 Spyder, Auguste Veuillet, le patron de Sonauto qui importe les Porsche en France dès 1950 et qui sera à l'origine de la première participation de la marque aux 24 Heures du Mans avec une 356 spéciale qu'il conduira lui-même à la 20e place, 1e de la classe 751-1 100 cm³, en 1951.

Spyder 550 et ses évolutions (1954-1961)

La première 550 RS (550-01) et la seconde (550-02) étaient des coupés carrossés par Weidenhausen pour l'usine, pour les 24 Heures du Mans 1953. Elles terminèrent 15e (Richard von Frankenberg/PaulFrère) - et première de la classe 1 101 à 1 500 cm³ - et 16e (Hans Herrmann/Helm Glöckler) au classement général. Des versions Spyder en sont rapidement dérivées en 1954, les cinq premiers toujours carrossés par Weidenhausen. Les Spyder 550 RS, uniquement destinés à la compétition, figurent au catalogue clients dès l'année-modèle 1955. Il reprennent le quatre cylindres à plat de 1 498 cm³ de la 356 1500 S dans une mouture dotée de quatre arbres à cames en tête développant 110 ch à 6 200 tr/min mise au point par Ernst Fuhrmann (voir page 70). La carrosserie en aluminium, désormais construite par Wendler de Reutigen, repose sur un châssis en tubes d'acier soudés. Son

Ci-contre.
Un Spyder 550 A/1500 RS de 1957. Le taux de compression porté à 9,8 : 1 et les carburateurs Weber double corps inversés à la place des Solex lui permettent d'atteindre 135 ch. Un couvre-tonneau occulte la place passager pour améliorer l'aérodynamique.

Ci-contre.
Le châssis du Spyder 1500 RS n'est plus le châssis plat des 550 RS, mais une structure en tubes qui permet de gagner en légèreté. On remarque l'avant affiné de cette version. Il en sera construit une trentaine en version client.

Ci-dessous.
La 550/1500 RSK, dernière mouture du Spyder, apparaît pour les 1000 Km du Nürburgring en 1957. Son avant mieux profilé avec des phares carénés sous plexiglas et les ailerons arrière sont censés améliorer encore ses performances aérodynamiques.

Ci-contre.
Le Spyder 1500 RSK recevait un châssis encore plus léger que celui de son prédécesseur. Son moteur avait été porté à 143 ch et certains atteindront même les 150 ch. Il en fut construit 34 exemplaires en 1958.

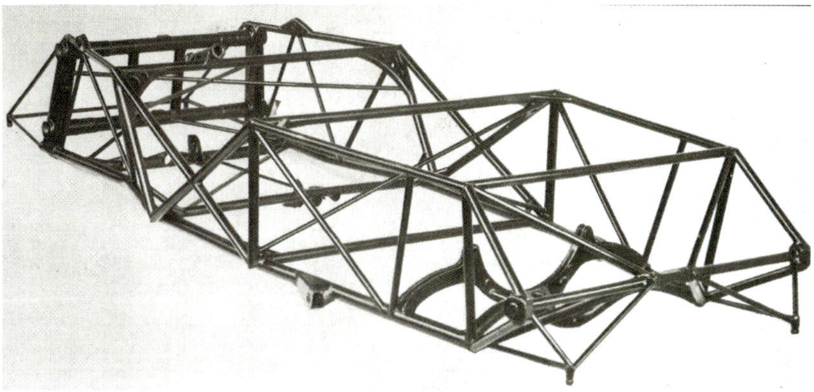

poids de 685 kg lui procure des performances bien supérieures au 356 Carrera Gran Turismo qui seront dotées d'un moteur identique à partir de 1957. À noter que les versions usines pèsent 40 kg de moins que les versions clients. Le premier exemplaire client, exposé au Salon de Bruxelles en janvier 1954, recevait d'étranges butoirs de pare-chocs et un dos rond. Des variantes de carrosserie avec un arrière plat ou avec appuie-tête caréné et des

Ci-dessus.
Cette photo était censée faire la démonstration de la légèreté du nouveau châssis du Spyder 1500 RSK devant la presse. La précipitation du personnage à gauche semble indiquer qu'il est moins léger que prévu.

Ci-contre.
Pour le millésime 1960, l'appellation Spyder disparaît et le modèle devient tout simplement RS 60 (puis RS 61 en 1961) en gagnant un empattement plus long de 10 cm (2,20 m) et un moteur 1600 cm^3 de 160 ch. Wendler en construira 14 exemplaires dont 4 pour l'usine.

Ci-dessus.
La RS 60, remporta la victoire au classement général aux 12 Heures de Sebring en mars1960. Cette RS 61, presque identique, participe aux essais des 24 Heures du Mans. À côté, on aperçoit l'arrière d'une version coupé de la RS 61. Elle, sera comme la RS 60, construite à 14 exemplaires.

dérives arrière plus ou moins volumineuses seront proposées sur le modèle, reconduit pour le millésime 1956. 90 exemplaires du Spyder seront produits dont 75 versions clients qui prirent majoritairement le chemin des États-Unis. La mort de James Dean au volant de l'un d'eux sur la route de Salinas, en Californie, contribuera à en faire un modèle mythique.

En 1957, le Spyder devient 550 A/1500 RS avec un taux de compression de 9,8 : 1 et des carburateurs Weber double corps inversés à la place des Solex qui lui permettent d'atteindre 135 ch. Le châssis n'est plus le châssis plat des 550 RS mais une structure en tubes qui permet de gagner en légèreté. Il en sera construit une trentaine en version client. Dernière mouture du Spyder, le 550/1500 RSK apparaît au 1000 Km du Nürburgring en 1957 avec un châssis encore allégé. Son moteur est porté à 143 ch et certains atteindront même les 150 ch. Son avant mieux profilé avec des phares carénés sous plexiglas améliore encore ses performances. Il en fut construit 34 exemplaires en 1958. Pour le millésime 1960, le Spyder perd son nom et devient tout simplement RS 60, en gagnant un empattement plus long de 10 cm (2,20 m) et un moteur 1600 cm^3 de 160 ch. Prêt pour les 12 Heures de Sebring 1960, il y remporte la victoire au classement général. Wendler en construira 14 exemplaires dont 4 pour l'usine. Son successeur le RS 61, presque identique, sera lui aussi construit à 14 exemplaires en 1961.

Des Spyder ont gagné la Targa Florio en 1959, 1960 et 1963. C'est en souvenir de cete victoire que les Porsche 911/912 découvrables à arceau fixe s'appelleront Targa.

Porsche Type 597 Jagdwagen (1955)

C'est sans doute la plus inattendue des Porsche. Le modèle Porsche Type 597 Jagdwagen est un petit engin tout-terrain, conçu pour répondre à un appel d'offres de l'armée allemande lancé en 1953. Il s'agissait de concevoir un tout-terrain militaire léger, multi-rôle destiné à la toute nouvelle armée de la RFA, la république fédérale d'Allemagne de l'ouest. Il était équipé d'un moteur 1600 de 50 ch et d'une transmission intégrale qui lui

Ci-contre.
Le Type 597 Jagdwagen est sans conteste l'un des modèles Porsche les plus originaux et les plus rares. Ce petit engin tout-terrain avait été conçu pour répondre à un appel d'offres de l'armée allemande lancé en 1953. Il s'agissait de concevoir un tout-terrain militaire léger, multi-rôle destiné à la toute nouvelle armée allemande.

permettait d'atteindre les 100 km/h et il était également amphibie. C'est la DKW Munga d'Auto-Union qui remporta le marché. Bien qu'il n'ait pas été retenu, le Type 597 fut tout de même construit à 71 exemplaires – prototypes compris - et constitue sans conteste aujourd'hui l'un des modèles Porsche les plus originaux et les plus rares. Il a même son club.

Porsche Carrera 2000 GS/GST (1961)

En 1961, parallèlement aux RS 61 coupé et spyder, Porsche engagea des coupés, baptisés Carrera GS/GST, équipés du moteur 2 litres de la Carrera. Ils reprenaient intégralement la partie basse de la RS 61, mais étaient dotés d'un pavillon plus lumineux.

Ci-contre.
Le Type 597 était équipé d'un moteur 1600 de 50 ch qui lui permettait d'atteindre les 100 km/h et d'une transmission intégrale. Il était également amphibie. C'est la DKW Munga d'Auto-Union qui remporta le marché. Le Type 597 fut construit à 71 exemplaires entre 1953 et 1955.

Porsche Abarth-Carrera GTL (1961)

En 1961, Porsche confia 25 châssis à Carlo Abarth, son représentant en Italie (qui avait notamment épousé la secrétaire d'Anton Piëch, le beau-frère de Ferry Porsche) pour faire réaliser un coupé allégé chez Zagato, le carrossier de Milan, qui s'était fait une spécialité des sportives ultra-légères en aluminium. La Porsche-Abarth-Carrera GTL était donc carrossé, par Zagato, sur un dessin de Franco Scaglione, le designer de Bertone qui venait de reprendre sa liberté. On s'est longtemps demandé ce que venait faire là Carlo Abarth qui ne toucha pas au moteur et ne façonna pas non plus la carrosserie. En fait, le représentant de Porsche en Italie ne servit que d'intermédiaire avec le carrossier Zagato qui, pour diverses raisons (notamment ses rapports étroits avec Alfa Romeo), ne souhaita pas que son nom apparaisse sur la voiture et qui reçut donc celui d'Abarth et parfois aussi l'appellation 695 GS. Cinq voitures équipées du 1600 de 128 ch et de freins à disques furent construites pour l'usine et seulement 20 au total sur les 25 prévues auraient été assemblées en 1961. Plusieurs 1600 Abarth-Carrera seront converties au moteur 2 litres de près de 180 ch au cours de leur carrière.

Les monoplaces (1961-62)

Lorsque la CSI (Commission Sportive Internationale) annonça en 1958 qu'à partir de la saison 1961, les Grands Prix de Formule 1 seraient réservés aux voiture de 1500 cm3 d'un poids minimal

Ci-contre.
Aux côtés des RS 61, coupé et spyder, Porsche engageait des coupés baptisés Carrera 2000 GS/GST, équipés du moteur 2 litres de la Carrera. Ils reprenaient toute la partie basse de la RS 61, mais recevaient un pavillon plus lumineux. On remarque les feux arrière empruntés à la 356.

Ci-dessous.
La hauteur du pavillon, sans doute dictée par la hauteur minimale imposée du pare-brise, donne une allure étrange à la Carrera 2000 GS/GT. Il ne s'agit en fait que d'une version remaniée de la RS 61. Les feux ovales de la 356 étaient également utilisés à l'avant.

Ci-dessus.
En 1961, Porsche confia 25 châssis à Carlo Abarth, son représentant en Italie, afin de les faire carrosser chez Zagato à Milan, spécialiste des versions allégés à carrosserie en aluminium. Seulement 20 exemplaires, équipés du 1600 de 128 ch et de freins à disques, auraient été réalisés en 1961 sur les 25 prévues.

de 500 kg, de nombreuses marques virent là une opportunité d'accéder à la discipline reine du sport automobile. Lotus, Matra et bien d'autres, dont Porsche, profitèrent de ce tremplin. Des modèles Porsche monoplaces à moteur 4 cylindres à plat refroidi par air de Formule 2 furent donc construits en 1959 et 1960 et des monoplaces de Formule 1 en 1961. Les résultats ne furent pas particulièrement brillants et Porsche termina le championnat du monde de Formule 1 de 1961 à la troisième place, derrière Ferrari et Lotus. Trop coûteuse, la Formule 1 fut abandonnée par Porsche en 1962 qui préféra consacrer sa trésorerie au Grand Tourisme et aux prototypes.

La 904 Carrera GTS (1964-1965)

La Formule 1 ne lui ayant pas apporté le succès attendu, Porsche décida de briller dans la catégorie Grand Tourisme en endurance, réservée aux voitures de moins de 2 litres de cylindrée. Le projet 904, un coupé biplace de compétition à moteur central, devait être produit à 100 exemplaires dans un délai de 12 mois

Ci-contre.
La Porsche-Abarth Carrera GTL carrossée par Zagato avait été dessinée par Franco Scaglione, le designer de Bertone qui venait de reprendre sa liberté. Pour diverses raisons, Zagato ne souhaita pas que son nom apparaisse sur la voiture et elle reçut celui d'Abarth-Carrera et parfois aussi de 695 GS.

pour être homologuée dans cette catégorie. Porsche en développa donc également une version « civile » pour atteindre le chiffre fatidique. Elle recevait une carrosserie en résine et fibre de verre étudiée avec le constructeur d'avions Heinkel, qui fabriquera les coques dessinées par Ferdinand Alexander Porsche dit « Butzi », le fils de Ferry Porsche, également auteur des 911. Cette carrosserie très légère reposait sur un châssis à caisson en tôle d'acier, lui aussi très léger. À l'intérieur, les sièges étaient fixes, le volant et le pédalier étant, eux, ajustables. Elle reprenait la mécanique de la Carrera 2 litres développant 180 ch à 7 000 tr/mn (type 547), associé à une transmission à cinq vitesses empruntée à la 911. Aérodynamique, avec un poids total de 650 kg, elle

Ci-contre.
L'intérieur très dépouillé de l'Abarth-Carrera GTL. Cinq voitures furent construites pour l'usine et plusieurs Abarth-Carrera furent équipées du moteur Carrera 2 litres de près de 180 ch au cours de leur carrière.

bénéficiait d'un excellent rapport poids/puissance et atteignait les 257 km/h. Elle est présentée au public en novembre 1963 sous le nom de 904 GTS, mais, comme pour la 911, Peugeot fit savoir qu'il souhaitait conserver les numéros à zéro central et elle sera officiellement rebaptisée Porsche Carrera GTS. Sa production débutera quelques semaines plus tard dans les ateliers où est déjà produite la toute nouvelle 911 et atteindra les 100 unités nécessaires à l'homologation au mois d'avril 1964. La production totale dépassa tout juste les 100 exemplaires (exactement 106). Ce sera la dernière quatre cylindres à quatre arbres à cames en tête de Porsche. Les six premiers châssis furent utilisés par l'usine durant les saisons 1964 et 1965, équipés du quatre cylindres quatre arbres, mais aussi, parfois, du six cylindres de la 911 et même d'un huit cylindres.

Ci-dessous.
La 904 recevait le moteur Carrera de 2 litres et une carrosserie en résine et fibre de verre fabriquée par le constructeur d'avion Heinkel. Le dessin de sa carrosserie était dû à Ferdinand Alexander Porsche, dit « Butzi », le fils aîné de Ferry Porsche qui est également l'auteur des 911.

Ci-dessus.
La 904 était un coupé biplace à moteur central dont Porsche proposait également une version « civile » pour dépasser les 100 unités construites en 12 mois nécessaires pour l'homologation en catégorie Grand Tourisme. Elle fut produite à 106 exemplaires.

LES SPÉCIALES SUR BASE 356 ET LES RÉPLIQUES

Ci-dessus.
Le concessionnaire Volkswagen de Francfort, Walter Glöckler, réalisa cette 356 à moteur central équipée du 1100 cm3 de 58 ch, alimenté à... l'alcool au printemps 1950 pour disputer le championnat d'Allemagne en catégorie Sport. Il sera champion d'Allemagne en 1950.

Ci-dessous.
La voiture de Glöckler s'apparente à la Porsche n°1, puisqu'elle repose sur un châssis tubulaire recevant un moteur au centre, en avant de l'essieu arrière, et ne pèse que 445 kg. Son habitacle avancé et les grilles trahissent la position du moteur.

Ci-contre.
La carrosserie tout aluminium du Spyder Glöckler était réalisée par le carrossier Weidenhausen dont l'atelier se trouvait en face de la concession de Walter Glöckler à Francfort. Intérieur spartiate de rigueur.

Le coût dissuasif de la plate-forme Porsche 356 a limité le nombre de modèles spéciaux sur cette base. Quelques rares carrossiers se sont risqués à proposer une interprétation personnelle – la plupart à la demande de Porsche ou avec son appui – ainsi que quelques pilotes ou préparateurs qui ont cherché à améliorer l'aspect ou les performances de la 356.

Mais pour la plupart, carrossiers et préparateurs partaient généralement d'une base Volkswagen, bien moins chère et assez proche - du moins au début - pour concevoir des modèles spéciaux, imitant en cela Porsche, comme l'Autrichien Denzel, les Suisses Enzmann et Beutler, ou le carrossier berlinois Rometsch.

Spyder Glöckler (1950)

Walter Glöckler n'était pas carrossier mais agent Volkswagen à Francfort, pilote à ses heures, et réalisa une version personnelle de la 356 en 1950 pour disputer le championnat d'Allemagne en catégorie Sport. Sa carrosserie en aluminium était réalisée par le carrossier Weidenhausen dont l'atelier se trouvait en face de la concession Volkswagen de Walter Glöckler. Elle s'apparente à la Porsche n°1, puisqu'elle repose sur un châssis tubulaire recevant un moteur au centre, en avant de l'essieu arrière, et ne pèse que 445 kg. Elle était équipée du moteur 1100 Porsche de 58 ch, alimenté à... l'alcool. Glöckler sera champion d'Allemagne en 1950. Max Hoffman, l'importateur de Porsche en Amérique, fit l'acquisition de cette voiture à la fin de la saison 1951 et la pilota avec succès pendant quelque temps. Il y trouva probablement l'inspiration du roadster America qui fut à l'origine du Speedster Porsche (voir les pages 78 à 91 sur le Speedster dans ce même ouvrage). Glöckler réalisera un autre spider équipé d'un moteur 1500 en 1951.

Ci-dessous.
Heinrich Sauter fit construire ce roadster, équipé d'un moteur 1500, par Hans Klenk pour participer à des rallyes. Après avoir pris part au Liège-Rome-Liège en août 1951, il vendit la voiture au Français François Picard qui l'utilisa pendant quelques saison.

Ci-dessus.
La 356 bimoteur construite par Lou Fageol de Cleveland, dans l'Ohio, en 1953 est assurément une des Porsche spéciales les plus extraordinaires. Il courut dans plusieurs épreuves du SCCA (Sports Car Club of America) lorsqu'il fut victime d'un accident en avril 1955 dont il se tira indemne mais qui détruisit la voiture.

Porsche 356 Sauter 1951

C'est un homme d'affaire de Stuttgart, Heinrich Sauter, qui fit construire par Hans Klenk un roadster équipé d'un moteur 1500 au début de 1951 pour participer à des rallyes. Forcé à l'abandon au cours du premier rallye auquel il participa avec sa voiture, le Liège-Rome-Liège en août 1951, il la vendit au pilote français François Picard qui l'utilisa pendant quelques saisons. Elle partit ensuite au États-Unis où elle continua de glaner quelques lauriers dans les courses de clubs du SCCA (Sports Car Club of America).

Fageol bimoteur (1953)

Lou Fageol de Cleveland, dans l'Ohio, était passionné de mécanique et s'était fait une spécialité des engins à deux moteurs, notamment des autocars qu'il avait conçus entre les deux guerres. En 1953, il réalisa une étonnante voiture, dotée de deux moteurs Porsche 1500 Super. Il conserva le moteur arrière, comme sur la 356, et en ajouta un second à l'avant, ce qui lui permettait d'obtenir une puissance totale de 144 ch à 5 500 tr/min. L'ensemble reposait sur un châssis tubulaire de 2,29 m d'empattement et la carrosserie était en Duralumin, afin de contenir le poids qui ne dépassait pas les 750 kg. Fa-

Ci-dessous.
La Fageol bimoteur reposait sur un châssis tubulaire de 2,29 m d'empattement. Sa carrosserie en Duralumin avait permis de contenir le poids au-dessous des 750 kg. Le moteur arrière est conservé et un second a été ajouté à l'avant. La puissance totale atteignait 144 ch à 5 500 tr/min.

geol pilota sa voiture en compétition dans cette configuration, avant de la doter d'un compresseur sur chaque moteur en 1954. Il courut dans plusieurs autres épreuves du SCCA lorsqu'il fut victime d'un accident en avril 1955 dont il se tira indemne, mais qui détruisit néanmoins la voiture.

Ghia roadster (1953)

Une étude de style signée Ghia, sur base de 356 fut dévoilée au Salon de Paris en septembre 1953. Il s'agissait probablement d'une demande de Porsche qui cherchait à tester les réactions du public avec un modèle plus attractif que son propre cabriolet et s'était adressé à Ghia qui allait se faire le spécialiste des modèles sportifs à moteur en porte-à-faux avec les Volkswagen-Karmann-Ghia et les Renault Floride. La carrosserie était signée par Mario Boano, alors directeur du style chez Ghia. La voiture reprenait quelques uns des thèmes stylistiques favoris de Ghia à l'époque et ressemblait à une sorte de Volkswagen-Karmann-Ghia cabriolet en plus joufflue. Elle y perdait son aspect fonctionnel pour un style un peu apprêté sans véritable personnalité, ne reflétant pas la sportivité du modèle ni son efficacité. Le projet n'eut pas de suite.

Glöckler Porsche 356 Special Coupé 1954

C'est probablement sur la base de son second spider que Walter Glöckler réalisa un coupé original à moteur Carrera pour les Mille Miglia de 1954. Il aurait été construit sur un châssis de 356 « pré-A », mais était doté d'un moteur 1 498 cm³ à double allumage et double arbre à came en tête de 100 ch, fourni par Porsche. Si l'avant reste dans l'esprit Porsche, reprenant le style du Spyder 550 (qui a peut-être partiellement servi de base à la carrosserie), l'arrière est plus discutable avec d'épais ailerons et un habitacle doté d'une vaste lunette arrière panoramique et de vitres latérales remontant sur le toit. La voiture ne fut pas prête à temps pour les Mille Miglia et ne put finalement prendre part qu'au Liège-Rome-Liège en août 1954 avec Helm Glöckler (le frère du créateur) et Max Nathan. Elle partit ensuite aux États-Unis. Elle est revenue en Allemagne dans les années 1990. Elle a

Ci-dessus.
Cette étude de style sur base de 356, probablement commandée à Ghia par Porsche pour tester les réactions du public avec un modèle plus attractif que son propre cabriolet, fut dévoilée au Salon de Paris en septembre 1953.

Ci-contre, au centre.
La carrosserie du roadster Ghia avait été dessinée par Mario Boano qui était alors directeur du style chez Ghia. Avec son étrange fausse calandre occultée, elle rappelle la Volkswagen-Karmann-Ghia cabriolet en plus joufflu. Le projet n'eut pas de suite.

Ci-contre.
Le roadster Ghia reprenait quelques-uns des thèmes stylistiques favoris de Boano et perdait l'aspect fonctionnel de la 356, dessiné par Erwin Komenda, pour un style apprêté sans véritable personnalité, ne reflétant ni la sportivité, ni l'efficacité du modèle.

Ci-dessus.
L'avant du coupé de Walter Glöckler reprend le style du Spyder 550 qui a peut-être servi de base à la carrosserie. Réalisé pour les Mille Miglia de 1954 auxquels il ne put participer, il était équipé d'un moteur Carrera. Il a été exposé dans diverses manifestations en 2015.

refait surface récemment, entièrement restaurée, et a été exposée dans diverses manifestations.

Lindner coupé (1954)

Même s'il ne s'agit pas à proprement parler d'une Porsche 356, mais d'une copie un peu maladroite réalisée par les frères Arno et Helfried Lindner, des artisans de Dresde - alors en République démocratique allemande - nous ne résistons pas au plaisir de l'inclure dans cette liste. La première voiture qu'ils réalisèrent prenait pour base une Volkswagen Kübelwagen et, compte tenu du nombre de Kübelwagen qui était resté dans la zone russe après la guerre, il est probable que les treize exemplaires, qui auraient été réalisés entre 1954 et 1959, aient été eux aussi construit sur cette base, la Volkswagen de série étant inaccessible à l'est. Trois exemplaires seraient encore existants, l'un d'eux, restauré par un passionné, fut exposé en juin 2016 au concours d'élégance du château de Dyck, en Rhénanie.

La Dawri coupé (1955)

Ce modèle, qui essaie de faire oublier son moteur arrière, en arborant un long capot avant et une fausse calandre, a été

Ci-dessous.
L'arrière du coupé Glöckler est un peu déroutant avec ses épais ailerons, sa vaste lunette arrière panoramique et ses vitres latérales remontant sur le toit. La voiture fut engagée au Liège-Rome-Liège aux mains de Helm Glöckler, le frère de Walter, et Max Nathan en août 1954.

Ci-dessus.
Ce coupé Lindner est une copie de 356 un peu maladroite, réalisée en République Démocratique Allemande en 1954 par les frères Arno et Helfried Lindner de Dresde à partir d'une Volkswagen Kübelwagen, dont de nombreux exemplaires sont restés là-bas après la guerre.

Ci-dessous.
L'un des treize exemplaires qui auraient été réalisés entre 1954 et 1959, restauré par un passionné, fut exposé au concours d'élégance du château de Dyck (Rhénanie) en juin 2016. Trois autres exemplaires seraient encore existants.

Ci-contre.
Ce joli coupé au long capot avant doté d'une fausse calandre a été réalisé en 1955 à partir d'une 356 A Super et d'un kit carrosserie en résine, fabriqué par La Dawri sous le nom de Castillian. La voiture est réapparue dans les années 1990.

Ci-dessous.
Le kit carrosserie La Dawri Castillian était en fait l'ancienne C-3 de Victress, un petit artisan qu'avait racheté La Dawri. Elle était particulièrement moderne pour l'époque, avec d'intéressants détails comme les feux arrière. Le 4 cylindres à plat, dont on remarque la grille d'aération différente de celle d'une 356, est logé dans le coffre.

réalisé en 1955 à partir d'une 356 A Super et n'a apparemment pas fait l'objet d'articles dans la presse de l'époque. Leslie Albert Dawes et Don Wright avaient fondé La Dawri Coachcraft (L. A. Daw+Wri) en Colombie britannique au Canada en 1956. La petite société s'installa aux États-Unis en 1957 où elle racheta toute la gamme de kit carrosserie d'un autre spécialiste, Victress, pour étoffer sa propre gamme, avant de fermer ses portes en 1965. La Dawri s'était spécialisée dans les kits carrosseries en résine pouvant accueillir des mécaniques Chrysler, Ford ou GM et même MG et Volkswagen à l'avant, mais qui n'étaient en principe pas destinés à recevoir un moteur à l'arrière. Il s'agit probablement d'une initiative privée, réalisée sur un kit de carrosserie La Dawry Castillian (l'ancienne Victress C-3), d'un dessin très moderne pour l'époque. La voiture, vraisemblablement unique, a seulement refait surface dans les années 1990.

Devin D (1957)

Devin Cars a été fondé au début des années 1950 par l'Américain Bill Devin, qui s'est spécialisé dans les voitures sportives sur châssis tubulaire dans le style de la Porsche 550 Spyder et dans la fabrication de carrosseries en résine que l'on pouvait installer sur des voitures existantes durant les années 1950 et 1960, à la manière de La Dawry et de quelques autres spécialistes américains. La petite société familiale était basée à El Monte en Californie. Le modèle Devin D (D pour Deutsch – allemand) était fabriqué sur la base de la Porsche 356. Il en aurait été construit 48 exemplaires à moteur Volkswagen ou Porsche. L'une d'elles, à mécanique Porsche 356 a été exposée au Techno Classica d'Essen, en Allemagne, en 2015.

Wendler 356 A 4 places (1957)

Le carrossier Wendler de Reutlingen fabriqua une vingtaine de 550 A Spyder pour Porsche de 1954 à 1956. Il fut ensuite chargé de réaliser un prototype de 356 à 4 places, en reprenant

Ci-contre.
La voiture, vraisemblablement unique, a dû nécessiter une profonde adaptation pour recevoir les composants mécaniques Porsche à l'arrière au lieu d'un moteur avant. Le tableau de bord, conçu pour accepter des instruments de série, a été méticuleusement restauré.

Ci-dessus.
Comme La Dawri, Devin proposait des kits châssis et carrosserie, essentiellement destinés à la compétition, pour différentes mécaniques américaines et européennes dont Porsche. L'importance du capot avant pourrait laisser croire que le moteur est logé dessous.

Ci-contre.
Le modèle Devin D (D pour Deutsch – allemand) était fabriqué sur la base de la Porsche 356 et reprend quelques éléments empruntés à la Porsche, comme les grilles de capot et les feux arrière. Il en aurait été fabriqué 48 exemplaires à moteur Volkswagen ou Porsche.

Ci-dessus.
Sous cet angle, ce joli spider Devin D pourrait être pris pour un modèle à moteur avant. Cette Devin D restaurée, rarissime sous nos latitudes, était exposée au Techno Classica d'Essen en Allemagne en 2015.

l'idée du projet 530 qui avait été réalisé par Erwin Komenda en 1951 (voir pages 92 à 99) et en le modernisant. Le prototype de Wendler, construit sur une 356 A 1300 de 1957 à empattement allongé de 30 cm, reprend de nombreux éléments de série, notamment à l'avant. La partie arrière était dotée d'aile-

Ci-contre.
En 1957, le carrossier Wendler de Reutlingen fut chargé de réaliser un prototype de 356 à 4 Places, pour actualiser le projet 530 qui avait été imaginé par Erwin Komenda en 1951. L'avant utilise de nombreux éléments de série et reprend peut-être même l'intégralité de l'avant du modèle d'origine.

Ci-dessous.
Le prototype de Wendler fut construit à partir d'une 356 A 1300 de 1957 dont l'empattement avait été allongé de 30 cm. La partie arrière est dotée d'ailerons terminés par des feux arrière empruntés, semble-t-il, au coupé Mercedes-Benz 190 SL.

Ci-dessus.
Fritz et Ernst Beutler, les carrossiers de Thoune, en Suisse, exposèrent une version 2+2 places de la 356 B à carrosserie en aluminium au Salon de Genève en mars 1957. Il en aurait été construit cinq exemplaires, dont un cabriolet, après quoi Porsche aurait cessé de livrer des plates-formes à Beutler. Celle-ci est exposée à Autostadt.

Ci-contre.
Ce modèle de 356 2+2 Beutler, daté de 1958, était exposé au Techno Classica d'Essen en Allemagne en 2018. Il est légèrement différent de celui du groupe Volkswagen exposé à Autostadt et présente de petits ailerons sur les ailes arrière.

rons terminés par des feux qui semblent avoir été empruntés au coupé Mercedes-Benz 190 SL. Le pare-brise et la lunette arrière étaient interchangeables. Une petite série en aurait été réalisée et écoulée aux États-Unis.

Beutler 356 B 4 places (1957)

Les frères Fritz et Ernst Beutler, les carrossiers de Thoune, en Suisse, qui avaient réalisé le premier cabriolet 356 en octobre 1948 et devaient en assurer la production, tandis que Reutter de Stuttgart construisait les coupés, renoncèrent finalement. Mais au Salon de Genève en mars 1957, ils proposèrent leur propre version de la 356 B, dotée d'un arrière différent qui en faisait un vrai coupé 2+2 places. La carrosserie était en aluminium et il n'en fut construit que cinq exemplaires, dont un cabriolet, après quoi il semblerait que Porsche ne livra plus de plate-forme à Beutler. Ce qui ne l'empêcha apparemment pas de commercialiser des modèles identiques sur base Volkswagen. L'un des 4 coupés Beutler survivants était exposé au salon Techno Classica 2018 à Essen. Il semblerait que ce fut à la demande de Ferry Porsche qu'une version utilisant de nombreuses pièces d'origine pour la partie

Ci-contre.
Le même modèle vu à Essen présente également de nombreuses différences de détails à l'avant. On remarque notamment le traitement de la calandre simplifié et les pare-chocs avec des butoirs. En revanche on retrouve les mêmes motifs chromés sur les flancs.

Ci-dessus.
Ce serait apparemment à la demande de Ferry Porsche qu'une version de la 356 2+2 de Beutler, utilisant de nombreuses pièces d'origine pour la partie avant (pare-chocs, pare-brise, clignotants, etc..), fut réalisée en 1960 et exposée au Salon de Genève en mars 1961.

Ci-dessous.
La 2+2 de Beutler rappelle fortement la Porsche 356 2+2 réalisée par Wendler en 1957, mais l'avant semble plus haut et permettait apparemment de dégager plus de places pour les bagages. On notera qu'elle a perdu ses rappels de clignotants.

Ci-dessus.
À l'arrière, la nouvelle mouture de la 356 2+2 Beutler reprenait également de nombreuses pièces de série de la 356 B, grilles de capot, feux arrière, pare-chocs. Une démarche logique dans l'éventualité de la production en série d'une version 2+2 en parallèle avec le coupé Porsche.

avant (pare-chocs, pare-brise, clignotants, etc..) qui rappelait fortement la 356 B, fut réalisée en 1960, dans le but de produire en série une version 2+2, en parallèle avec le coupé Porsche. La ressemblance avec le modèle réalisé par Wendler est trompeuse,

Ci-contre.
Sept de ces Porsche Beutler auraient été réalisées jusqu'en 1963. Le catalogue édité par les frères Beutler précise bien qu'il s'agit d'une version quatre places en anglais et en allemand (4 pläziges Spezial coupé/special body 4 seater) et propose les deux motorisations de la 356 B, 1600 et 1600 S.

Ci-dessus.
L'idée d'offrir quatre places hantait apparemment l'esprit des dirigeants de Porsche, puisque, en 1960, Ghia étudie même une version berline à quatre portes. Le moins qu'on puisse dire est qu'elle semble bien banale et que sa sobriété confine à la platitude.

Ci-contre.
Après Beutler, c'est un autre carrossier suisse, Ghia-Aigle, qui transforme une 356 en 1961, appliquant les derniers critères en vogue en matière de sportive à l'époque. Seules les parties avant et arrière ont été redessinées, la cellule centrale étant apparemment intégralement conservée.

car l'avant, s'il reprend de nombreux éléments de série, semble apparemment dégager plus de places pour les bagages. Sept de ces Porsche Beutler auraient été construites jusqu'en 1963.

356 berline Ghia (1960)

Après les 2+2 réalisées par Wendler et Beutler, il semble que Porsche songe non seulement à une version 2+2, mais carrément à une berline quatre portes. Mais cette fois, c'est la carrosserie Ghia qui fut consultée à deux reprises par Porsche pour l'étude d'une berline. La première date de 1960 et paraît bien banale. On a mis l'accent, semble-t-il, sur l'habitabilité et le volume du coffre avant. Cette étude qui ne fut jamais exposée dans aucun salon ni aucune manifestation publique resta sans suite. Un autre projet, plus original, verra le jour en 1962.

356 B Ghia-Aigle (1961)

Cette 356 B revue par Giovanni Michelotti a été présentée au salon de Genève en mars 1961 par la carrosserie suisse Ghia-Aigle (alors indépendante de la maison-mère italienne). Toute la

Ci-contre.
La 356 B remaniée par Giovanni Michelotti pour Ghia-Aigle fut présentée au salon de Genève en mars 1961. L'arrière tronqué faisait ses premières apparitions sur les sportives. La voiture reprend des feux arrière qui ressemblent à ceux d'une Simca 1000, apparue seulement en octobre 1961...

Ci-dessus.
En 1962, Ghia propose une nouvelle version de berline quatre portes sur base de 356. Cette fois la carrosserie est plus attrayante, même si elle semble un peu surdimensionnée. Ses lignes aiguisées et ses flancs légèrement incurvés lui confèrent une certaine personnalité.

Ci-dessous.
Comme sa devancière, cette étude de Ghia ne fut exposée dans aucun salon ni aucune manifestation publique. Ce prototype d'une certaine élégance restera lui aussi sans suite. S'il fut construit à la demande de Porsche, il fut certainement rapatrié en Allemagne. Qu'est-il devenu ? Était-ce une simple maquette ?

cellule centrale a été conservée, seules les parties avant et arrière ont été remaniées. Le résultat manque pour le moins d'homogénéité. La voiture faisait partie de la collection suisse Galantica.

356 berline Ghia (1962)

Après la première proposition de 1960, Ghia reprend le projet de berline 4 portes en 1962, probablement à la demande de Porsche, la voiture n'ayant été, comme sa devancière, l'objet d'aucune présentation publique. Cette nouvelle étude au caractère plus affirmé se singularise par ses lignes aiguisées et une certaine élégance, mais restera, elle aussi, sans suite.

Les répliques

L'existence d'une réplique est justifiée par la différence de prix entre le modèle original, en général inaccessible (Shelby Cobra, Ferrari GTO, Ford GT40, Jaguar C et D, Auburn, etc...). C'est ce qui est arrivé avec le Speedster 356 dont le prix a atteint des sommets dès les années 1970 - et encore plus récemment - dans les ventes aux enchères, surtout les modèles Carrera. Le prix d'une réplique n'atteint jamais que le prix des composants ajouté à celui de la main-d'œuvre pour le réaliser, sans qu'intervienne de quelconques notions de rareté ou de pedigré historique qui pourraient lui donner plus de valeur.

L'un des avantages des répliques de Porsche 356 tient à l'utilisation de la plate-forme de la Volkswagen Coccinelle qui avait également servi de base aux premières Porsche en 1948. On ne peut pas vraiment parler d'authenticité, mais les répliques de 356 sur base Coccinelle font néanmoins preuve d'une certaine proximité avec l'originale que ne peuvent revendiquer la plupart des autres répliques. Le fait que la Coccinelle ait été construite au Mexique jusqu'en 1991 permettait de faire appel à une base mécanique moderne neuve et pas à des plates-formes reconditionnées, comme ce fut le cas après 1991. En principe, la plate-forme Volkswagen était raccourcie de 27 cm pour s'aligner sur l'empattement de la 356.

Les nombreuses répliques de Porsche 356 Speedster mériteraient à elles seules un livre. Le premier à proposer une réplique du Speedster sur plate-forme Volkswagen fut Frank Reisner, en 1976. Il avait fondé Intermeccanica en Italie en 1959 et avait finalement regagner les États-Unis en 1975 pour se lancer dans les répliques, qui connaissaient alors un énorme succès outre-Atlantique, à partir de 1977. La société belge Apal (TPC en Angleterre), spécialiste des buggies sur base Volkswagen, reprit le moule Intermeccanica pour se lancer dans les répliques de Speedster sous licence en 1982. Il semble bien que les frères Prévost qui créèrent la société PGO au Creusot (Saône-et-Loire) en 1985 aient eux aussi eu recours au moule Intermeccanica, via Apal. Porsche finit par prendre ombrage de ce commerce qui profitait de la notoriété de son nom sans en retirer aucun avantage et, craignant de voir son image se dégrader en laissant des répliques parfois approximatives et mal construites se multiplier, réussit à empêcher PGO de commercialiser ses réplique en faisant mention du nom Porsche. Il faut dire que les derniers Speedster

PGO n'avaient plus grand chose à voir avec le Speedster original. Citons encore les sociétés américaines Beck, une société californienne qui proposa des répliques de 550 Spyder, de 904 GTS et de 356 Speedster, Fiberfab qui commercialisa un Speedster à la fin

Ci-dessus.
Frank Reisner, le fondateur d'Intermeccanica, fut probablement le premier à se lancer dans la construction de répliques du Speedster à mécanique Volkswagen à partir de 1976, dans le sillage de la vogue des répliques initiée par Brook Stevens avec ses Excalibur au milieu des années 1960.

des années 1980, Starborne Speedster et Classic Motor Carriage de Miami qui proposaient également un Speedster 356 A. Les sociétés britanniques, comme Speedster Chesil, Covin Speedster, DJ Sportscars, GP Spyde, Sheldonhurst, Street Beetle 356 Speedster, Technic fabriquaient elles aussi des répliques du Speedster 356 et parfois du Spyder 550. Au Brésil, Envemo Super 90 construisait une réplique de Speedster qui fut largement diffusée dans le monde entier, quant à la société japonaise Flat 4 Vintage Speedster, elle commercialise l'une des répliques les plus abouties et les plus proche de l'authentique.

Ci-dessus.
À partir de 1982, la société belge Apal construisit sous licence des répliques du Speedster à carrosserie en résine et fibre de verre, à partir d'un moule Intermeccanica. Elles étaient distribuées sous le nom de TPC en Grande-Bretagne.

Ci-contre.
La société PGO du Creusot (Saône-et-Loire), créée par les frères Prévost en 1985, faisait également appel à un moule Intermeccanica, via Apal, pour construire ses répliques de Speedster. Porsche en prit ombrage et interdit à PGO d'utiliser le nom Porsche pour commercialiser ses répliques.

Page suivante.
Les répliques du Speedster de la société japonaise Flat 4 Vintage Speedster, sont réputées pour être les plus proches de l'authentique, tant par le sérieux de leur construction que par la qualité de leurs composants, fidèles dans leurs moindres détails.

FLAT 4
"VINTAGE SPEEDSTER"®
Speedster
いま甦える、会心のスピードスター。
永遠の名車、ポルシェ356スピードスター。デビュー以来40年の歳月が過ぎ去ろうとしている今でも、その魅力は色あせることがありません。その356スピードスターの持つディテールの素晴らしさを再現しながら、現代のパフォーマンスを搭載したのが、この"VINTAGE SPEEDSTER"です。絶妙なスタイリングと快適なドライブフィールを是非お楽しみください。FLAT4がプロデュースいたします。新規3年車検が取得出来ます。
試乗OK
試乗車をご用意しています。
お問合せください。
ヴィンテージスピードスター
■排気量 1,584cc ■最高出力 75hp/4,000rpm ■標準装備 キャンバストップ、キャンバスサイドカーテン、キャンバストップブーツ、デュアルキャブレター、ナルディウッドステアリングホイール、F/Rオーバーライダー、スペアタイヤ
BODY COLORS
BLACK
IVORY
SIGNAL RED
SILVER
INTERIOR COLORS
BLACK
TAN
RED
TOP COLORS
BLACK
TAN
車輛本体価格(車検3年) ¥2,550,000
FLAT 4
HAS IT ALL
東京本社
営業時間 9:30〜6:30 祝日 定休
03-3424-0590
〒154 東京都世田谷区下馬6-36-7
京都店
営業時間 9:30〜6:30 祝日 定休
075-315-0870
※カタログご請求・お問合せ・ご注文は上記各店へ。お待ちしております。
販売取扱店募集中

ANNEXES 1

Les familles de moteurs 356 (juin 1948-septembre 1969)

Les 1100 (juin 1948 - septembre 1954)

Au départ, le moteur de la 356 n'est jamais qu'un moteur de Volkswagen, un 4 cylindres à plat refroidi par air le type 356 de 1 131 cm³ (75 x 64 mm), légèrement modifié, développant 40 ch. Il est rapidement remplacé par un 1 086 cm³ (73,5 x 64 mm) à soupapes en V, le type 369, qui développe, lui aussi, 40 ch à 4 000 tr/min afin de permettre à la voiture d'être homologuée dans la catégorie internationale de 750 à 1 100 cm³. Son taux de compression est de 7 : 1 et l'alimentation est assurée par deux carburateurs inversés Solex 26 VFJ. À partir d'avril 1954 ils seront remplacés par des Solex 32 PBI. Ce 1 100 sera monté sur le coupé et le cabriolet, mais jamais sur le Speedster, puisqu'il disparaît de la gamme à la fin de 1954, un an avant l'apparition du Speedster. Le 1100 sera remplacé par le 1300 A de 44 ch dans la gamme 356.

Les 1300 (avril 1951 - septembre 1957)

En avril 1951, un 1300 cm³ type 506/1 (et /2 à partir de septembre 1954) est proposé à côté du 1100 initial. Les 1 286 cm³ (80 x 64 mm) ont été obtenus par réalésage de 73,5 mm à 80 mm et permettent au 4 cylindre à plat de délivrer 44 ch à 4 200 tr/min avec un taux de compression de 6,5 : 1. Fin 1953, une version 1300 S de 1 290 cm³, type 589/2, avec des cotes complètement différentes du premier 1300 (74,5 x 74 mm) développant 60 ch à 5 500 tr/min avec un taux de compression de 8,2 : 1 remplace le 1300 de 44 ch. Mais celui-ci refait son apparition sous le nom de 1300 A type 506/2, aux côtés du 1300 S en septembre 1954 pour remplacer le 1100 qui vient d'être abandonné. Les deux 1300 - 1300 A/44 ch et 1300 S/60 ch - sont reconduits sur les 356 A présentées en septembre 1955 et vont coexister jusqu'en septembre 1957. Ils auront équipés les trois styles de carrosserie du catalogue, coupé, cabriolet et Speedster.

Les 1500 (septembre 1951 - septembre 1955)

La famille 1500 est riche de deux familles de moteurs complètement différentes, les 1500 culbutés « normaux » et les Carrera à double arbre à cames en tête, traités à la fin de cette annexe (et dans le chapitre 9).

Le 1500 type 527 fait son apparition en septembre 1951. D'une cylindrée exacte de 1 488 cm³ (80 x 74 mm) il se caractérise par ses arbres à cames sport et des bielles sur roulement à rouleaux. Avec un taux de compression de 6,5 : 1 il développe 60 ch à 4 400 tr/min. En avril 1952, une version 1500 S type 528 spécialement développée pour le roadster America donne 70 ch à 5 000 tr/min grâce à un taux de compression de 8,2 : 1. Il est repris pour la gamme 1953 aux côtés du 1500 Dame type 546, une version assagie (taux de compression réduit de 7 à 6,8 : 1) du premier 1500 qui ne développe plus que 55 ch au lieu de 60, pour ne pas trop porter ombrage aux 70 ch du 1500 S.

Les deux 1500, Dame et S, disparaissent simultanément en septembre 1955 avec l'apparition de la 356 A et sont remplacés par un 1600 de 60 ch et un 1600 S de 75 ch. Comme les 1300 précédemment, on trouve les 1500 sur les trois styles de carrosserie, coupé cabriolet et Speedster.

Les 1600 (septembre 1955 - septembre 1969)

Comme pour le 1500, il convient de ne pas mélanger la gamme 356 normale et les Carrera qui reçurent également un 1600, mais équipé d'un double arbre à cames en tête celui-là, traité à la fin de cette annexe (et dans le chapitre 9). La famille des 1600 est plus large que celle des 1500 et s'étend sur les trois générations à lettres, 356 A, B et C.

Le premier 1600 est dévoilé en septembre 1955 avec la présentation de la 356 A, simultanément en deux versions, 1600 et 1600 S, calquées sur les 1500 Dame et 1500 S qu'elles remplacent. La cylindrée des deux est identique, 1 582 cm3 (82,5 x 74 mm), mais le 1600 type 616/1 avec un taux de compression de 7,5 : 1 développe 60 ch à 4 500 tr/min, alors que le 1600 S type 616/2 avec un taux de compression de 8,5 : 1 atteint, lui, les 75 ch à 5 000 tr/min. Ils équipent bien sûr les trois types de carrosserie, coupé cabriolet et Speedster (devenu convertible D à partir de septembre 1958), puis sont reconduits sans changement sur les 356 B en septembre 1959, sur les coupé, cabriolet et Roadster (en fait le Convertible D) et Hardtop (de septembre 1959 à la mi-1962 pour cette dernière forme de carrosserie). Une nouvelle version 1600 Super 90 type 616/7 fait son apparition avec la 356 B. Les caractéristiques de base restent inchangées, mais le taux de compression porté à 9 : 1 permet d'en tirer 90 ch à 5 500 tr/min. Le Super 90 est bien sûr proposé sous toutes les formes de carrosserie, coupé, cabriolet, Roadster et Hardtop.

En juillet 1963 la 356 C prend la succession de la 356 B sans grand changement, seule la gamme de moteur est remaniée. Le 1600 disparaît alors que le 1600 S devient 1600 C type 616/15 avec les mêmes caractéristiques que précédemment, et que le 1600 Super 90 devient 1600 SC type 616/16 et voit passer son taux de compression de 9 à 9,5 : 1 et sa puissance de 90 ch à 5 500 tr/min à 95 ch à 5 800 tr/min. La production de la 356 C cesse en septembre 1965, mais le 1600 SC est reconduit sur les 912 dans une version adoucie de 90 ch, obtenus à 6 000 tr/min donnant une plus grande souplesse. La 912 disparaît du catalogue en septembre 1969 et avec elle le 1600, dernier vestige de la lignée des 356.

Les Carrera (septembre 1955 - 1965)

Les Carrera sont des modèles bien à part dans la famille 356, puisque sous leur carrosseries presque identiques se cache en fait un moteur différent, caractérisé par sa distribution par double arbre à cames en tête, son double allumage et sa lubrification par carter sec. La Carrera est avant tout destinée à la compétition. Le moteur Carrera (type 547) a été mis au point par un jeune ingénieur, le Dr Ernst Fuhrmann à partir de 1952, sous la houlette de Ferry Porsche et de Karl Rabe, l'ingénieur en chef (voir chapitre 9).

La première Carrera apparaît avec la 356 A en septembre 1955. Les 1 498 cm³ (85 x 66 mm, des cotes nettement supercarrées) du 1500 GS type 547/1 délivrent 100 ch à 6 200 tr/min, grâce à deux carburateurs double corps inversés Solex 40 PJJ-4 et permettent à la Carrera de frôler les 200 km/h. Elle est disponible dans les trois formes de carrosserie, coupé, cabriolet et Speedster.

En septembre 1956, la Carrera se scinde en deux versions, une 1500 GS de Luxe de 100 ch et une version Gran Turismo plus sportive à la finition spartiate dont la puissance est portée à 110 ch à 6 400 tr/min.

Fin 1958, le moteur Carrera devient 1600 GS type 692/2 de 1 587 cm³ (87,5 x 66 mm). Comme le 1500 GS, il n'a rien à voir avec les 1600 de la gamme normale et conserve les particularismes du 1500 GS. Des carburateurs Weber 40 DCM-1 peuvent être montés à la place des Solex. Grâce à un taux de compression de 9,5 : 1 il développe 5 ch supplémentaires, soit 105 ch à 6 500 tr/min dans sa version de Luxe et avec un taux de 9,8 : 1 il passe à 115 ch au même régime de 6 500 tours sur la version Gran Turismo avec le type 692/3. De nombreuses options très sportives sont disponibles : différentiel autobloquant, échappement sport, roue Rudge à fixation centrale...

Fin 1959, avec l'apparition des 356 B, la Carrera abandonne la version de Luxe et n'est plus disponible qu'en coupé 1600 GS Gran Turismo de 115 ch, équipé de freins à disque, fabriqué par le carrossier Reutter. En mars 1960, une version, confiée à Carlo Abarth, le représentant de Porsche en Italie, qui ne servit en fait que d'intermédiaire avec le carrossier Zagato et ne toucha pas au moteur, est proposée avec une carrosserie très spéciale en aluminium, plus légère de 140 kg et plus aérodynamique qui permet au 1600 GS type 692/3 d'offrir une vitesse de pointe de 225 km/h à la Carrera-Abarth GTL. Il en fut fabriqué 21 exemplaires dans les ateliers de Zagato, à Milan. La 356 Carrera 1600 GS GT continue sa carrière sans grands changements jusqu'à la fin de 1961.

Pour l'année 1962, la 356 B Carrera passe à 2 litres de cylindrée. Mécaniquement, elle reprend l'ensemble des caractéristiques de la 1600 GS à l'exception du moteur. Les 1 966 cm³ (92 x 74 mm) du type 587/1 délivrent 130 ch à 6 200 tr/min avec un taux de compression de 9,5 : 1 pour la version routière et 140 ch au même régime avec un taux de compression de 9,8 : 1 pour la GT. On peut même commander une version encore plus affûtée de 155 ch à 6 600 tr/min. L'alimentation est assurée par des Solex double corps inversés 40 PII-4 sur la Carrera routière et par des Weber 46 JDM-2 sur la GT. Comme précédemment, de nombreuses options sont disponibles sur la GT auxquelles vient s'ajouter un réservoir de 110 litres avec goulotte de remplissage sur le capot avant. La Carrera 2 continuera sous le sigle 356 C sans changements.

La carrière de la 356 Carrera s'arrête à la fin de 1964. Elle est remplacée par la 904 Carrera GTS à moteur central à carrosserie en résine et fibre de verre. Le 2 litres est disponible en 155 ch 1600 GS type 692/3, comme les Carrera-Abarth GTL, mais peut aussi être affûté à 180 ch à 7 800 tr/min. La 904 recevra des moteurs 6 et même 8 cylindres, mais la carrière du 4 cylindres double arbre Carrera prend fin en 1965 avec la 904.

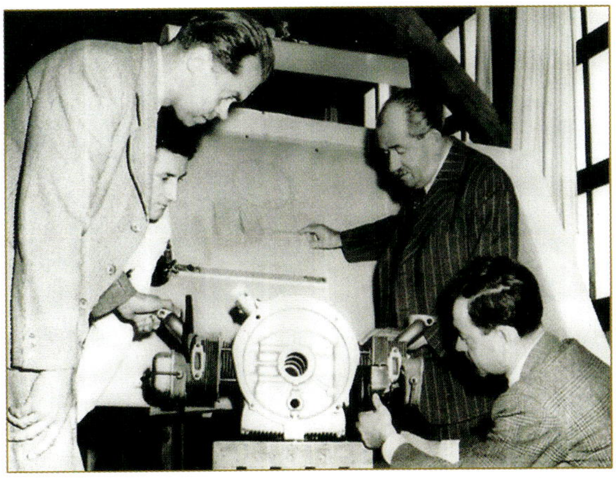

Esso
Essolub
Essolub
Essolub
MOTOR OIL
21-0459

ANNEXES 2

Fiches techniques

MODÈLE : PROTOTYPE N°1 (AVRIL 1948)
Moteur type 356
Emplacement : central arrière
Disposition : longitudinale
Type : 4 cylindres horizontaux opposés
Construction : fonte
Refroidissement : par air
Cylindrée : 1 131 cm^3
Alésage x course : 75 x 64 mm
Cylindrée unitaire : 282,75 cm^3
Compression : 7 / 1
Distribution : soupapes en tête entraînées par culbuteurs
Alimentation : 2 carburateurs Solex inversés 26 VF-1
Lubrification : par carter humide
Puissance maxi : 40 ch à 4 000 tr/min
Transmission
Mode : aux roues arrière
Boîte de vitesse : 4 vitesses + MA
Embrayage : monodisque à sec Fichtel-Sachs
Châssis et train roulant
Structure : treillis tubulaire
Carrosserie : en aluminium
Suspensions : à roues indépendantes, barres de torsion avec amortisseurs simple effet à l'AV, demi-bras oscillants et barres de torsion avec amortisseurs double effet à l'AR
Direction : à vis et écrou
Freins : à tambour sur les quatre roues
Dimensions
Empattement : 2 150 mm
Voies AV/AR : 1 290/1 250 mm
Longueur : 3 860 mm
Poids : 585 à 780 kg
Performances
Vitesse maxi : 140 km/h.

MODÈLE : 356 MODÈLE 1100 DE 1 131 CM3 1948
Moteur type 356
Emplacement : en porte-à-faux à l'arrière
Disposition : longitudinale
Type : 4 cylindres horizontaux opposés
Construction : fonte
Refroidissement : par air
Cylindrée : 1 131 cm^3
Alésage x course : 75 x 64 mm
Cylindrée unitaire : 282,75 cm^3
Compression : 7 : 1
Distribution : soupapes en tête entraînées par culbuteurs
Alimentation : 2 carburateurs Solex inversés 26 VF-1
Lubrification : par carter humide
Puissance maxi : 40 ch à 4 200 tr/min
Transmission
Mode : aux roues arrière
Boîte de vitesse : 4 vitesses + MA
Embrayage : monodisque à sec Fichtel-Sachs
Châssis et train roulant
Structure : monocoque avec plate-forme à caissons en tôle d'acier soudée
Carrosserie : en aluminium (Gmünd) ou en acier (Reutter)
Suspensions : à 4 roues indépendantes, barres de torsion transversales et amortisseurs hydrauliques simple effet à l'AV, demi-arbre oscillants et barres de torsion à l'arrière avec amortisseurs double effet à l'arrière
Direction : à vis et écrou
Freins : ATE à tambour sur les quatre roues
Pneumatiques : 5,00 x 16
Dimensions
Empattement : 2 100 mm
Voies AV/AR : 1 290/1 250 mm
Longueur : 3 860 mm
Poids : coupé 780 kg, cabriolet 600 kg
Performances
Vitesse maxi : 140 km/h

MODÈLE : 356 MODÈLE 1100 DE 1 086 CM3 1950
Moteur type 369
Emplacement : en porte-à-faux à l'arrière
Disposition : longitudinale
Type : 4 cylindres horizontaux opposés
Construction : fonte
Refroidissement : par air
Cylindrée : 1 086 cm^3
Alésage x course : 73,5 x 64 mm
Cylindrée unitaire : 271,5 cm^3
Compression : 7 : 1
Distribution : soupapes en tête entraînées par culbuteurs
Alimentation : 2 carburateurs Solex inversés 26 VF-1
Lubrification : par carter humide
Puissance maxi : 40 ch à 4 000 tr/min
Transmission
Mode : aux roues arrière
Boîte de vitesse : 4 vitesses + MA
Embrayage : monodisque à sec Fichtel-Sachs
Châssis et train roulant
Structure : monocoque avec plate-forme à caissons en tôle d'acier soudée
Carrosserie : en aluminium (Gmünd) ou en acier (Reutter)
Suspensions : à 4 roues indépendantes, barres de torsion transversales et amortisseurs hydrauliques simple effet à l'AV, demi-arbre oscillants et barres de torsion à l'arrière avec amortisseurs double effet à l'arrière
Direction : à vis et écrou
Freins : ATE à tambour sur les quatre roues
Pneumatiques : 5,00 x 16
Dimensions
Empattement : 2 100 mm
Voies AV/AR : 1 290/1 250 mm
Longueur : 3 860 mm
Poids : coupé 780 kg, cabriolet 600 kg
Performances
Vitesse maxi : 140 km/h

MODÈLE : 356 ROADSTER AMERICA 1500 S MODÈLE 1952
Moteur type 527
Emplacement : en porte-à-faux à l'arrière
Disposition : longitudinale
Type : 4 cylindres horizontaux opposés
Construction : en fonte
Refroidissement : par air
Cylindrée : 1 488 cm^3
Alésage x course : 80 x 74 mm
Cylindrée unitaire : 372 cm^3
Compression : 8,2 : 1
Distribution : soupapes en tête entraînées par culbuteurs
Alimentation : 2 carburateurs Solex 40 BPIC
Lubrification : par carter humide
Puissance maxi : 70 ch à 5 000 tr/min
Transmission
Mode : aux roues arrière
Boîte de vitesse : à 4 vitesses synchronisées+ MA
Embrayage : monodisque à sec Fichtel-Sachs
Châssis et train roulant
Structure : monocoque avec plate-forme à caissons en tôle d'acier soudée
Carrosserie : en acier
Suspensions : à 4 roues indépendantes, 2 barres de torsion à l'AV, demi-arbres oscillants avec barre de torsion à l'AR, avec amortisseurs télescopiques à double effet
Direction : à vis et écrou
Freins : à tambour sur les quatre roues
Pneumatiques : 5,00 x 16
Dimensions
Empattement : 2 100 mm
Voies AV/AR : 1 290/1 250 mm
Poids : roadster 760 kg
Performances
Vitesse maxi : environ 150 km/h

MODÈLE : 356 1500 1952
Moteur type 527
Emplacement : en porte-à-faux à l'arrière
Disposition : longitudinale
Type : 4 cylindres horizontaux opposés
Construction : en fonte
Refroidissement : par air
Cylindrée : 1 488 cm^3
Alésage x course : 80 x 74 mm
Cylindrée unitaire : 372 cm^3
Compression : 7 : 1
Distribution : soupapes en tête entraînées par culbuteurs
Alimentation : 2 carburateurs Solex 40 BPIC
Lubrification : par carter humide
Puissance maxi : 60 ch à 4 400 tr/min
Transmission
Mode : aux roues arrière
Boîte de vitesse : à 4 vitesses synchronisées+ MA
Embrayage : monodisque à sec Fichtel-Sachs
Châssis et train roulant
Structure : monocoque avec plate-forme à caissons en tôle d'acier soudée
Carrosserie : en acier
Suspensions : à 4 roues indépendantes, 2 barres de torsion à l'AV, demi-arbres oscillants avec barre de torsion à l'AR, avec amortisseurs télescopiques à double effet
Direction : à vis et écrou
Freins : à tambour sur les quatre roues
Pneumatiques : 5,00 x 16
Dimensions
Empattement : 2 100 mm
Voies AV/AR : 1 290/1 250 mm
Longueur : 3 950 mm
Poids : coupé et cabriolet 830 kg, Speedster 760 kg
Performances
Vitesse maxi : environ 145 km/h (150 km/h)

MODÈLE : 356 MODÈLE 1300 (1300 S) 1954
Moteur type 506/1 (type 589/2)
Emplacement : en porte-à-faux à l'arrière
Disposition : longitudinale
Type : 4 cylindres horizontaux opposés
Construction : fonte
Refroidissement : par air
Cylindrée : 1 286 cm^3 (1 290 cm^3)
Alésage x course : 73,5 x 80 mm (74,5 x 74 mm)
Cylindrée unitaire : 322, 5 cm^3
Compression : 6,5 : 1 (8,2 : 1)
Distribution : soupapes en tête entraînées par culbuteurs
Alimentation : 2 carburateurs Solex inversés 26 VF-1
Lubrification : par carter humide

Puissance maxi : 44 ch à 4 200 tr/min (60 ch à 5 500 tr/min).
Transmission
Mode : aux roues arrière
Boîte de vitesse : 4 vitesses + MA
Embrayage : monodisque à sec Fichtel-Sachs
Châssis et train roulant
Structure : monocoque avec plate-forme à caissons en tôle d'acier soudée
Carrosserie : en acier
Suspensions : à 4 roues indépendantes, barres de torsion transversales et amortisseurs hydrauliques simple effet à l'AV, demi-arbre oscillants et barres de torsion à l'arrière avec amortisseurs double effet à l'arrière
Direction : à vis et écrou
Freins : ATE à tambour sur les quatre roues
Pneumatiques : 5,00 x 16
Dimensions
Empattement : 2 100 mm
Voies AV/AR : 1 290/1 250 mm
L x l x h : 3 950 x 1 670 x 1 310 mm
Poids : coupé 880 kg, cabriolet 900 kg, Speedster 835 kg
Performances
Vitesse maxi : 145 km/h (160 km/h)

MODÈLE : 356 1500 DAME (1500 S) 1954

Moteur type 546 (type 528)

Emplacement : en porte-à-faux à l'arrière
Disposition : longitudinale
Type : 4 cylindres horizontaux opposés
Construction : en fonte
Refroidissement : par air.
Cylindrée : 1 488 cm^3
Alésage x course : 80 x 74 mm
Cylindrée unitaire : 372 cm^3
Compression : 6,8 : 1 (8,2 : 1)
Distribution : soupapes en tête entraînées par culbuteurs
Alimentation : 2 carburateurs Solex 40 BPIC
Lubrification : par carter humide
Puissance maxi : 55 ch à 4 400 tr/min (70 ch à 5 000 tr/min)

Transmission

Mode : aux roues arrière
Boîte de vitesse : à 4 vitesses synchronisées+ MA
Embrayage : monodisque à sec Fichtel-Sachs

Châssis et train roulant

Structure : monocoque avec plate-forme à caissons en tôle d'acier soudée
Carrosserie : en acier
Suspensions : à 4 roues indépendantes, 2 barres de torsion à l'AV, demi-arbres oscillants avec barre de torsion à l'AR, avec amortisseurs télescopiques à double effet
Direction : à vis et écrou
Freins : à tambour sur les quatre roues
Pneumatiques : 5,00 x 16

Dimensions

Empattement : 2 100 mm
Voies AV/AR : 1 290/1 250 mm
Longueur : 3 950 mm
Poids : coupé et cabriolet 830 kg, Speedster 760 kg

Performances

Vitesse maxi : environ 145 km/h (150 km/h)

MODÈLE : 356 A CARRERA 1500 1956

Moteur type 547/1

Emplacement : en porte-à-faux à l'arrière
Disposition : longitudinale
Type : 4 cylindres horizontaux opposés
Construction : en alliage léger
Refroidissement : par air
Cylindrée : 1 498 cm^3
Alésage x course : 85 x 66 mm
Cylindrée unitaire : 374,5 cm^3
Compression : 9 : 1
Distribution : double arbre à cames en tête avec basculeurs
Alimentation : 2 carburateurs double corps inversés Solex 40 PJJ-4.
Lubrification : par carter sec
Puissance maxi : 100 ch à 6 200 tr/min

Transmission

Mode : aux roues arrière
Boîte de vitesse : Porsche à 4 vitesses synchronisées+ MA
Embrayage : monodisque à sec Fichtel-Sachs

Châssis et train roulant

Structure : monocoque avec plate-forme à caissons en tôle d'acier soudée
Carrosserie : en acier
Suspensions : à 4 roues indépendantes, 2 barres de torsion à l'AV, demi-arbres oscillants avec barre de torsion avec ressort compensateur anti-roulis à l'AR, avec amortisseurs télescopiques à double effet
Direction : à vis et écrou
Freins : à disque sur les quatre roues
Pneumatiques : 5,90-15

Dimensions

Empattement : 2 100 mm
Voies AV/AR : 1 290/1 250 mm
L x l x h : 3 950
Poids : coupé 830 kg

Performances

Vitesse maxi : 200 km/h
Accélérations : 0 à 100 km/h : 11,8 s, 1000 m départ arrêté :31,3 s

MODÈLE : 356 B 1600 (1600 SUPER 90) 1960

Moteur type 616/1 (616/7)

Emplacement : en porte-à-faux à l'arrière
Disposition : longitudinale
Type : 4 cylindres horizontaux opposés
Construction : en alliage léger
Refroidissement : par air
Cylindrée : 1 582 cm^3
Alésage x course : 82,5 x 74 mm
Cylindrée unitaire : 395,5 cm^3
Compression : 7,5 : 1 (9 : 1)
Distribution : soupapes en tête entraînées par culbuteurs
Alimentation : 2 carburateurs Solex inversés BPJ
Lubrification : par carter humide
Puissance maxi : 60 ch à 4 500 tr/min (90 ch à 5 500 tr/min)

Transmission

Mode : aux roues arrière
Boîte de vitesse : Porsche à 4 vitesses + MA
Embrayage : monodisque à sec

Châssis et train roulant

Structure : monocoque avec plate-forme à caissons en tôle d'acier soudée
Carrosserie : en acier
Suspensions : à 4 roues indépendantes, 2 barres de torsion carrées à l'AV, 1 barre de torsion ronde par côté à l'AR, avec amortisseurs télescopiques à double effet
Direction : à vis et écrou système ZF
Freins : Teves à tambour à ailettes de refroidissement sur les quatre roues
Pneumatiques : 165 x 15

Dimensions

Empattement : 2 100 mm
Voies AV/AR : 1 305/1 275 mm
L x l x h : 4 010 x 1 665 mm x 1330 mm
Poids : coupé 920 kg, cabriolet 940 kg, Roadster 890 kg

Performances

Vitesse maxi : 165 km/h (175 km/h)

MODÈLE : 356 B CARRERA 2 1962

Moteur type 587/1

Emplacement : en porte-à-faux à l'arrière
Disposition : longitudinale
Type : 4 cylindres horizontaux opposés
Construction : en alliage léger
Refroidissement : par air
Cylindrée : 1 966 cm^3
Alésage x course : 92 x 74 mm
Cylindrée unitaire : 491,5 cm^3
Compression : 9,5 : 1
Distribution : double arbre à cames en tête avec basculeurs
Alimentation : 2 carburateurs double corps inversés Solex 40 PII-4.
Lubrification : par carter sec
Puissance maxi : 130 ch à 6 200 tr/min

Transmission

Mode : aux roues arrière
Boîte de vitesse : Porsche à 4 vitesses synchronisées+ MA
Embrayage : monodisque à sec Fichtel-Sachs

Châssis et train roulant

Structure : monocoque avec plate-forme à caissons en tôle d'acier soudée
Carrosserie : en acier
Suspensions : à 4 roues indépendantes, 2 barres de torsion à l'AV, demi-arbres oscillants avec barre de torsion avec ressort compensateur anti-roulis à l'AR, avec amortisseurs télescopiques à double effet
Direction : à vis et écrou
Freins : à disque sur les quatre roues
Pneumatiques : 5,90 x 16

Dimensions

Empattement : 2 100 mm
Voies AV/AR : 1 305/1 275 mm
L x l x h : 4 010 x 1 665 mm x 1330 mm
Poids : coupé 850 kg, cabriolet 1 010 kg

Performances

Vitesse maxi : 200 km/h
Accélérations : 0 à 100 km/h : 9 s

MODÈLE : 356 C 1600 C (1600 SC) 1964

Moteur type 616/15 (type 616/16)

Emplacement : en porte-à-faux à l'arrière
Disposition : longitudinale
Type : 4 cylindres horizontaux opposés
Construction : en alliage léger
Refroidissement : par air
Cylindrée : 1 582 cm^3
Alésage x course : 82,5 x 74 mm
Cylindrée unitaire : 395,5 cm^3
Compression : 8,5 : 1 (9,5 : 1)
Distribution : soupapes en tête entraînées par culbuteurs
Alimentation : 2 carburateurs double corps inversés Zenith 32 N DIX (2 double corps inversés Solex 40 PJJ-4 avec enrichisseurs)
Lubrification : par carter humide
Puissance maxi : 75 ch à 5 200 tr/min (95 ch à 5 800 tr/min)

Transmission

Mode : aux roues arrière
Boîte de vitesse : Porsche à 4 vitesses synchronisées+ MA
Embrayage : monodisque à sec

Châssis et train roulant

Structure : monocoque avec plate-forme à caissons en tôle d'acier soudée
Carrosserie : en acier
Suspensions : à 4 roues indépendantes, 2 barres de torsion carrées à l'AV, 1 barre de torsion ronde par côté à l'AR, avec amortisseurs télescopiques à double effet
Direction : à vis et écrou système ZF
Freins : à disque ATE-Dunlop sur les quatre roues
Pneumatiques : 5,60 x 15 (165x15)

Dimensions

Empattement : 2 100 mm
Voies AV/AR : 1 306/1 272 mm
L x l x h : 401 x 167 x 133 cm
Poids : coupé et cabriolet 935 kg

Performances

Vitesse maxi : environ 175 km/h (185 km/h).

MODÈLE : 912 MODÈLE 1965

Moteur

Emplacement : en porte-à-faux à l'arrière
Disposition : longitudinale
Type : 4 cylindres horizontaux opposés
Construction : en alliage léger
Refroidissement : par air
Cylindrée : 1 582 cm^3
Alésage x course : 82,5 x 74 mm
Cylindrée unitaire : 395,5 cm^3
Compression : 9,3 : 1
Distribution : soupapes en tête entraînées par culbuteurs
Alimentation : 2 carburateurs double corps inversés Solex PJJ-4
Lubrification : par carter humide
Puissance maxi : 90 ch à 5 800 tr/min

Transmission

Mode : aux roues arrière
Boîte de vitesse : Porsche à 4 vitesses synchronisées ou 5 vitesses en option + MA
Embrayage : monodisque à sec

Châssis et train roulant

Structure : monocoque avec plate-forme à caissons en tôle d'acier soudée
Carrosserie : en acier
Suspensions : à 4 roues indépendantes, type McPherson avec 2 barres de torsion longitudinales à l'AV, demi-bras oscillants avec barre de torsion à l'AR, avec amortisseurs télescopiques à double effet
Direction : à crémaillère
Freins : à disque Teves sur les quatre roues
Pneumatiques : 165 HR 15

Dimensions

Empattement : 2 211 mm
Voies AV/AR : 1 337/1 317 mm
L x l x h : 4 160 x 1 610 x 1 320 mm
Poids : 970 kg

Performances

Vitesse maxi : environ 185 km/h
0 à 100 km/h : 13 s

ANNEXES 3

PRODUCTIONS ANNUELLES

Il s'agit de la production par années calendaire du 1er janvier au 31 décembre et non pas de la production par millésime (qui courait du 1er juillet au 31 juin, jusqu'en 2000) ce qui explique que l'on ait des 356 « pré A » et des 356 A en 1955, des 356 A et des 356 B en 1959 et des 356 B et 356 C en 1963.

1949 (Gmünd)	coupés	23 (aluminium)
	cabriolets	23 (aluminium)
1950 (Reutter, Stuttgart)	coupés	298 (acier)
1951	coupés	env. 900
	cabriolets	env. 169
1952	coupés	1 057
	cabriolets	240
1953	coupés	1 547
	cabriolets	394
1954	coupés	1 363
	cabriolets	328
	speedsters	200
1955	coupés	1 992 pré A + 390 A
	cabriolets	278 pré A + 69 A
	speedsters	200 pré A + 100 A
1956	coupés	2 921
	cabriolets	430
	speedsters	850
1957	coupés	3 283
	cabriolets	442
	speedsters	1 416
1958	coupés	3 670
	cabriolets	1 382
	speedsters	556
	convertible D	386
1959	coupés	2 743 A + 1 320 B
	cabriolets	944 A + 468 B
	convertible D	944 A
	roadsters	561 B
1960	coupés	4 413
	cabriolets	1 617
	roadsters	1 529
1961	coupés	4 176
	hardtops	1 684
	cabriolets	1 609
	roadsters	763
1962	coupés	6 263
	hardtops	99
	cabriolets	1 568
1963	coupés	4 426 B + 3 842 C
	cabriolets	932 C + 832 C
1964	coupés	8 567
	cabriolets	1 745
1965	coupés	1 100
	cabriolets	588
1966	cabriolets	10

PRODUCTION PAR MODÈLES ET PAR TYPES DE CARROSSERIE

356 (9 920 ex de novembre 1948 à septembre 1955)	
356 coupé 1100, 1300, 1300 s, 1500, 1500 S (1950-56)	5 149 ex (dont 23 Gmünd)
356 cabriolet 1100, 1300, 1300 s, 1500, 1500 S (1950-56)	2 799 ex (dont 23 Gmünd)
Roadster America (avr-nov 1952)	16 ex
356 Speedster 1300, 1500, 1500 S (1955)	1 900 ex
356 A (21 045 ex de septembre 1955 à septembre 1959)	
356 A coupé 1300, 1300 S, 1600, 1600 S, 1500 GS, 1600 GS (1955-59)	12 726 ex
356 A cabriolet 1300, 1300 S, 1600, 1600 S, 1500 GS, 1600 GS (1955-59)	3 367 ex
356 A Speedster 1300, 1300 S, 1600, 1600 S, 1500 GS, 1600 GS (1955-58)	2 922 ex
356 A Convertble D 1600, 1600 S (1959)	1 330 ex
356 A Carrera 1500 GS, 1500 GS GT, 1600 GS, 1600 GS GT (1956-1959)	700 ex
356 B (31 122 ex de septembre 1959 à juillet 1963)	
356 B coupé 1600, 1600 S, S 75, S 90 ((1960-63)	20 508 ex
356 B cabriolet 1600, 1600 S, S 75, S 90 ((1960-63)	6 194 ex
356 B Roadster 1600, 1600 S, S 75, S 90 ((1960-62)	2 653 ex
356 B Hardtop 1600, 1600 S, S 75, S 90 ((1961-62)	1 767 ex
356 C (16 674 ex de juillet 1962 à septembre 1965)	
356 C coupé 1600 C, 1600 SC (1963-1965)	13 509 ex
356 C cabriolet 1600 C, 1600 SC (1963-1965)	3 165 ex
912 (30 300 ex d'avril 1965 à septembre 1969)	
912 coupé	27 720 ex
912 Tagrga	2 580 ex

Production totale : 78 745 ex de la 356 + 30 300 ex de la 912 = 109 045 ex

ANNEXES 4

GLOSSAIRE

ABARTH
D'origine autrichienne, comme les Porsche, il avait d'abord été coureur motocycliste, puis était venu à l'automobile et s'était installé en Italie pour travailler chez Cisitalia avant la fin de la seconde guerre. Représentant de Porsche en Italie, il fournira à Cisitalia les plans de la voiture de Grand Prix à moteur central étudiée par Porsche en 1947 dont l'argent servira à la libération de Ferdinand Porsche, emprisonné en France. Après la faillite de Cisitalia, Abarth (1908-1979) monta sa propre entreprise, spécialisée dans la fabrication d'accessoires (collecteurs, pots d'échappements, arbres à cames, culasses, soupapes...) et dans les versions sportives dérivées de modèles Fiat de grande série, en 1950. On le retrouvera impliqué dans la construction d'une vingtaine de Porsche Carrera Abarth fabriquées par Zagato sur base 356 à partir de mars 1960.

ALÉSAGE
Désigne le diamètre intérieur du cylindre dans un moteur qui, rapporté à la course et au nombre de cylindres donne la cylindrée d'un moteur (voir course).

ALLIAGE
Lorsque l'on parle de moteur ou de jantes en alliage on sous-entend généralement léger. Il s'agit la plupart du temps d'un alliage à base d'aluminium qui permet de réduire le poids des pièce de fonderie, notamment du moteur et de la boîte de vitesse.

ARBRE À CAMES
C'est une tige de métal hérissée de cames tournant sur son axe longitudinal qui commande l'ouverture des soupapes dont la cadence et la levée sont déterminantes pour le rendement du moteur. La vitesse de rotation de l'arbre à cames est d'autant plus grande que le nombre de pièces en mouvement entre la came et la soupape est réduit, et donc leur inertie. Ainsi, dans le cas de deux arbres à cames en tête, chacune des deux soupapes d'un cylindre est commandée directement par sa propre came, sans intermédiaire, donc sans frein, d'où un régime moteur plus élevé, générateur de puissance.

AUTOPORTEUSE
Ce qualificatif désigne une carrosserie jouant un rôle structurel qui permet de se passer d'un châssis séparé. On parle aussi de voiture ou de structure monocoque.

BELTRAME
Beltrame était une marque de bicyclettes italienne que Piero Dusio (1899- 1975), le créateur de Cisitalia, avait rachetée en 1943 pour en reprendre la construction dans ses ateliers. Après la guerre, les ouvriers spécialisés furent mis à contribution pour souder les tubes au chrome molybdène qu'on utilisait pour les cadres de bicyclettes désormais destinés à la fabrication du châssis tubulaire des automobiles Cisitalia. Ferry Porsche et Karl Rabe utilisèrent ce procédé pour leur premier prototype à moteur central. Ne disposant ni du personnel spécialisé, ni des tubes difficile se procurer, ils abandonnèrent le châssis tubulaire pour reprendre en partie la plate-forme de la Volkswagen pour la 356 de série.

BEUTLER
Ce carrossier suisse installé à Thoune, dans le canton de Berne, a été un apport précieux pour Porsche à une époque où ses capacités de production étaient encore réduites par rapport à ses besoins. Sa situation géographique, en Suisse, où résidaient quelques riches supporters de la toute jeune marque, ainsi que de nombreux clients des premières 356, n'est pas fortuite. Il construisit quelques cabriolets et des coupés 356 au cours des années 1950 et réalisa notamment le coupé et le cabriolet exposés au Salon de Genève en mars 1949. À la fin des années 1950, il fabriquera quelques carrosseries spéciales, des 4 places, en très petite quantité sur base Volkswagen équipées de moteurs Volkswagen ou Porsche 356. L'idée d'une Porsche à 4 places faisait partie des fantasmes de Ferry Porsche qui testait ainsi la réaction du marché pour la future Porsche à six cylindres.

CARRERA
Carrera signifie course en espagnol mais il semble bien que Porsche l'ait tiré du nom incomplet de la Carrera Panamericana où deux spyder 550 1500 cm^3 se classaient aux troisième et quatrième places en 1954, une performance extraordinaire, compte tenu de la concurrence, des voitures de 4,5 litres et 5 litres de cylindrée, et de la rudesse de l'épreuve mexicaine. Le nom fut d'abord réservé au versions les plus sportives de la 356 équipées du moteur à arbres à cames en tête, puis il a désigné des modèles 911 destinés à la compétition, comme les Carrera RS 2,7 litres de 1973 et les suivantes RS 3.0 et RSR. A partir de 1974, ce vocable a perdu son sens premier dans la terminologie Porsche pour désigner un modèle 911 de la gamme normal. Aujourd'hui encore, il désigne des 911 de tourisme.

CARTER SEC/HUMIDE
Carter sec désigne un mode de lubrification avec réservoir d'huile séparé du moteur, plus efficace que la lubrification par carter humide où la pompe aspire l'huile au fond du carter moteur. La lubrification par carter sec, généralement réservée aux modèles sportifs, évite notamment les effets de la force centrifuge en virage qui peut mettre l'huile hors de portée de la crépine et entraîner une lubrification insuffisante aux conséquences désastreuses lorsque la pompe aspire dans le vide.

CHÂSSIS TUBULAIRE
Avant guerre, les lourds châssis en échelle avec structure de bois sur laquelle reposait la carrosserie étaient la norme. L'apparition des châssis tubulaires constitués de tubes de petit diamètres soudés entre eux, au milieu desquels on logeait les éléments mécaniques (moteur, suspensions) et sur lesquels on posait directement la carrosserie, constituait un net progrès en terme de rigidité et de légèreté pour les modèles sportifs. L'arrivée du système monocoque où la carrosserie joue un rôle structurel permettant de se passer de l'encombrant châssis fut un progrès tout aussi significatif, mais sa mise en œuvre exigeait des moyens industriels coûteux et ne se justifiait que dans le cas de très grandes séries. Ce qui explique que de nombreuses voitures sportives, fabriquées en petite série soient restées longtemps fidèles au châssis tubulaire.

COURSE
C'est le pendant de l'alésage (le diamètre) qui permet de déterminer la cylindrée. La course n'est pas la hauteur du cylindre, mais comme son nom l'indique la longueur parcourue par le piston dans le cylindre. C'est-à-dire que la cylindrée représente non pas le volume total des cylindres mais le volume total déplacé par les pistons.

CYLINDRÉE
La cylindrée d'un moteur s'exprime en cm^3 ou en litres, en arrondissant au chiffre supérieur. Elle représente l'ensemble du volume déplacé par les pistons dans les cylindres qui composent le moteur.

2+2
Ce suffixe désigne une forme de carrosserie. Il s'agit d'un coupé à deux portes, généralement d'allure sportive, où l'on a aménagé deux places de secours à l'arrière. Celles-ci sont souvent symboliques et servent plus d'argument de vente qu'à transporter des passagers.

D'IETEREN
L'ancien carrossier belge D'Ieteren frères SA de Bruxelles, recentra ses activités sur l'importation et la distribution après la Seconde Guerre mondiale, mais réalisa quelques carrosseries pour Porsche lorsque Drauz qui fabriquait les Convertible D (puis Roadster) successeur du Speedster, cessa ses activités et construisit le roadster de février 1961 jusqu'à l'abandon du modèle à la fin de la même année. La société est encore aujourd'hui importatrice des marques du groupe Volkswagen pour la Belgique,

DRAUZ
Ce carrossier assura la fabrication du Convertible D (pour Drauz), qui succéda au Speedster, entre août 1958 et septembre 1959, puis du Roadster, identique, qui suivit jusqu'en février 1961, date à laquelle D'Ieteren en reprit la fabrication jusqu'à l'extinction du modèle.

FUCHS
Ces jantes à cinq branches font aujourd'hui partie de l'image des premières 911. Fabriquées en aluminium forgé, elles pesaient 2,3 kg de moins que les roues en acier embouti, et n'apparurent qu'en août 1966, sur la 911 S. Elles étaient proposées en option sur les autres 911 et les 912 moyennant supplément et connurent un tel succès qu'il est presque impossible de trouver une 911 d'après 1966 qui n'en soit pas équipée. Elles coûtaient pourtant cinq fois plus cher que leur équivalent en acier. La Turbo leur restera fidèle pendant longtemps. Les jantes Fuchs continuèrent à être proposées jusqu'à la troisième génération de 911, les Carrera 4 en septembre 1988, équipées de jantes en aluminium coulé.

FUHRMANN
Ernst Fuhrmann (1918-1995) était, comme la famille Porsche d'origine autrichienne. Dès mars 1947, il travaille pour Porsche à Gmünd. Ferry Porsche lui demande de développer un moteur de 100 ch pour la compétition à partir du 4 cylindres Volkswagen, ce qu'il réussit à faire en neuf mois, le moteur type 547 faisant ses premiers tests à Zuffenhausen en avril 1953. Installé dans un Spyder 550 RS il remporte sa première course, l'Eifelrennen au Nürburgring en mai 1953 avec Helmut Glöckler, premier concessionnaire Porsche d'Allemagne, à son volant. Il quitte Porsche en 1956 et y revient en 1971, comme directeur technique, puis deviendra membre du conseil d'administration en 1972, jusqu'à 1980.

GLÄSER
Ce carrossier de Dresde fabriqua les carrosseries de nombreuses allemandes de prestige avant la Seconde Guerre mondiale et les IFA, DKW et Wartburg après. Un des employés avait installé une annexe en Allemagne de l'ouest après la guerre qui carrossa les seize roadsters America réclamés à Porsche par l'importateur américain Max Hoffman (1904-1981) en 1952.

GMÜND
C'est dans ce petit village autrichien, situé dans la province de Carinthie à la frontière avec la Tchécoslovaquie au nord-ouest de Vienne, que la famille Porsche se retira au lendemain de la Seconde Guerre mondiale. C'est là que naquirent les premières Porsche et qu'elles furent fabriquées, dans une ancienne scierie, jusqu'en février 1951.

HARDTOP
Le mot hard top (toit dur en anglais) désigne un toit amovible que l'on met en place pour la mauvaise saison à la place de la capote du cabriolet. À partir de 1960, ce terme, en un seul mot, désigne chez Porsche une nouvelle forme de carrosserie de la 356 qui vient s'ajouter aux coupé, cabriolet et Speedster déjà disponibles. Il s'agit en fait d'un cabriolet sur lequel on a soudé le hardtop qui devient donc fixe et transforme la 356 en un coupé trois volumes. Cette formule hybride et peu élégante n'eut pas un grand succès et fut arrêtée en août 1962.

HOFFMAN (Max)
D'origine autrichienne, Maximilian Edwin Hoffmann, dit Max Hoffman (1904-1981) (avec un sel N), était un ami de la famille Porsche et notamment d'Anton Piëch, le mari de Louise, la fille du professeur. Dynamique importateur de voitures exotiques aux Etats-Unis, c'est un personnage-clé dans le développement des plus grandes marques sportives européennes auxquelles il ouvrit les portes du marché américain. C'est notamment grâce à lui que BMW réalisa la superbe 507 et que Mercedes-Benz finit par construire en série sa 300 SL, initialement destinée à la compétition. On lui doit aussi les Alfa Romeo Giulietta Spider et les Lancia Aurelia roadster. Il décida d'importer les Porsche aux États-Unis dès 1950. Elles étaient particulièrement difficiles à vendre en raison de leur prix exorbitant, à peu près l'équivalent d'une Cadillac de l'époque ! Max Hoffman demanda donc qu'on lui fabriquât une série de voitures sportives et dépouillées, les roadsters America de 1952.

Les 15 exemplaires furent rapidement écoulés et Hoffman revint à la charge. C'est ainsi que naquit le Speedster 356 en septembre 1954.

KARMANN
Ce carrossier allemand, installé à Osnabrück en Basse-Saxe, se fit connaître lorsqu'il fabriqua en série le fameux coupé Volkswagen dessiné par le carrossier italien Ghia en 1954 et fabriquée en série de 1957 à 1973. Il réalisa les 356 Hardtop (voir ce mot) à partir de 1960. Plus tard il construisit le coupé 356 en parallèle avec Reutter, puis les 911 et 914/4. Plus tard, il assura entre autres la construction des Golf et Renault 19 cabriolets. Le groupe fit faillite en 2009 et fut racheté par VAG.

KOMENDA (Erwin)
Erwin Komenda (1904-1966) est un compagnon de la première heure de Ferdianand Porsche qu'il rencontre en 1929 chez Steyr puis qu'il suit chez Daimler-Benz et ensuite à Stuttgart lorsqu'il part fonder son bureau d'étude, en 1931. Responsable des carrosseries, on lui doit notamment l'Auto-Union type A de 1934 et la Volkswagen. On le retrouve à, Gmünd où il dessine la 356. Il participe activement à la carrosserie de la 911 et de la 904 auprès de Butzi Porsche pour l'aspect technique. Il meurt d'un cancer en 1966.

PIËCH (Louise)
Sœur de Ferdinand Porsche, elle épouse Anton Piëch dont elle a un fils, Ferdinand, qui jouera un rôle essentiel dans le développement technique des Porsche aux côtés de Ferry Porsche. Il sera à l'origine des 917, avant de devenir le patron d'Audi puis du groupe Volkswagen.

PIËCH (Ferdinand)
Fils d'Anton Piëch et de Louise Porsche, la sœur de Ferdinand, il se montre le digne héritier de son grand-père Ferdinand Porsche en se consacrant à l'amélioration technique des modèles de la marque jusqu'à son éviction en 1972, en même temps que tous les autres membres de la famille Porsche. Il passe chez Volkswagen puis, chez Audi, marque à laquelle il va donner une technique - on lui doit notamment les fameuses Quattro - et une image qui la positionne aujourd'hui comme l'un des constructeurs allemands les plus modernes. Il sera président du conseil de surveillance de Volkswagen AG de 2002 à 2015.

PORSCHE (Ferdinand)
Le professeur ingénieur n'est paradoxalement pas le créateur de la marque qui porte son nom. On peut consulter sa biographie détaillée plus bas.

PORSCHE (Ferry)
Fils de Ferdinand Porsche, né le 19 septembre 1909, il en est aussi l'héritier spirituel, prenant en main les destinées du bureau d'étude alors que son père est encore détenu en France. Il crée la marque Porsche en 1948, la restructure en 1972 pour lui éviter de sombrer dans des querelles familiales stériles et préjudiciables à son développement et restera à sa tête jusqu'en 1993 lorsqu'il devient président d'honneur du conseil de surveillance, sans mandat officiel. Il meurt le 27 mars 1998.

PORSCHE (Ferdinand Alexander, dit « Butzi »)
Petit-fils de Ferdinand, fils aîné de Ferry, on lui doit notamment les lignes de la 911 dont la modernité et le fonctionnalisme sont toujours d'actualité puisqu'elle est toujours produite avec une carrosserie dont l'essentiel de la silhouette est inchangé depuis plus de cinquante années. Il fonde Porsche Design, un bureau de design indépendant lorsque la famille est écartée de l'usine en 1972. Outre de nombreuses créations diffusées sous son nom, montres, lampes, bagages et accessoires divers, Porsche Design réalise de nombreuses études pour d'autres sociétés.

RABE (Karl)
Karl Rabe (1895-1968) rencontre Ferdinand Porsche chez Austro-Daimler dès 1913 qu'il remplace après son départ en 1923. Embauché chez Steyr en 1927, Ferdinand Porsche l'y retrouve en 1929 et le suivra au bureau d'étude à Stuttgart en 1931 où il devient directeur technique. Il sera ensuite directeur technique de Porsche, jusqu'à sa retraite en 1965, mais continuera à travailler comme consultant jusqu'à sa mort en 1968.

REUTTER
Ce carrossier de Stuttgart est un complice de longue date pour Porsche. C'est lui qui réalisa les premiers prototypes de la voiture populaire chère à Ferdinand Porsche, la future Coccinelle Volkswagen. Après la guerre, il fabriqua les premières 356 de série en attendant que Porsche récupère ses locaux de Stuutgart. Lorsque Porsche récupéra ses usines, Reutter se vit confier la fabrication des 356 Carrera. Incapable ou peu enclin à investir les sommes nécessaires à la transformation de ses ateliers pour la fabrication de la future 911, Reutter sera racheté par Porsche qui devient majoritaire en 1961 et propriétaire en 1963, année de la présentation de la 911. Le département sellerie du carrossier deviendra la société Recaro.

ROADSTER
Ce terme désigne une carrosserie sportive ouverte, généralement sans capote ou équipé d'un simple tendelet de toile offrant une protection symbolique et sans vitres latérales éventuellement remplacées par des panneaux amovibles, par opposition au cabriolet, plus cossu et plus confortable, équipé de vitres descendantes et dont la capote est étanche, souvent doublée.

SOLEX
Cette marque française de carburateurs, fondée en 1910, concurrente de Weber est plus connue pour sa bicyclette à moteur auxiliaire à transmission par galet, le Vélosolex. Le service carburateurs sera repris par Matra en 1973, puis par Magnetti-Marelli.

SPEEDSTER
La définition du Speedster est la même que celle du roadster mais évoque plus ouvertement la notion de vitesse (speed) et de dépouillement (suffixe -ster emprunté au mot roadster) et désigne plutôt une voiture ouverte de compétition plutôt qu'une voiture de tourisme. Speedster devint le nom d'un modèle dans la gamme 356 créé à la demande de l'importateur américain Max Hoffman.

SPIDER
Moins excessif dans son dépouillement et dans son caractère sportif que le roadster et le speedster, le spider désigne en général un cabriolet à deux places sportif au sens large du terme. Avant-guerre ce mot désignait le compartiment sommairement aménagé dans la pointe arrière d'une carrosserie sportive pour recevoir des passagers occasionnels.

SUPERCARRÉ
On dit d'un moteur qu'il est supercarré lorsque sa cote d'alésage (le diamètre du cylindre) est supérieure à la longueur de la course, comme sur le moteur des Carrera (85x66 mm sur le 1 500 cm^3 ou 92x74 sur la Carrera 2). Cette caractéristique autorise des régimes plus élevés qu'avec une course longue et favorise donc la prise de puissance.

SUSPENSION INDÉPENDANTE
Chaque roue dispose de son propre système de suspension et n'est donc pas affectée par les mouvements de la roue située sur le même essieu, garantissant ainsi une meilleure tenue de route.

TARGA
La grande course sicilienne Targa Florio porte le nom de son fondateur, le richissime comte Cesare Florio, héritier d'une famille d'armateurs siciliens. La course qui se déroule généralement à la fin du mois d'avril ou au début du mois de mai, sur un parcours routier dont il faut effectuer plusieurs tours, remonte à 1906. Porsche la remporte en 1959, 1960, 1963 1966, 1967, 1968, 1969 et 1970. La plaque (targa en talien) qui servait de récompense donna son nom au modèle à toit amovible et arceau fixe de la 911 et devint un terme générique pour désigner ce type de carrosserie.

24 HEURES DU MANS
C'est probablement la course d'endurance la plus célèbre du monde, à tel point que certains prétendent qu'il vaut mieux gagner les 24 heures du Mans que le championnat du monde des constructeurs. L'épreuve est organisée par l'Automobile Club de l'Ouest depuis 1923. Porsche détient le record incontesté de l'épreuve avec 19 victoires, devant Audi 13.

WEBER
C'est l'un des fabricants de carburateurs les plus connus avec le français Solex, l'américain Holley et l'anglais SU. L'entreprise, dirigée par le commendatore Francesco Bellicardi, passe sous le contrôle de Fiat en 1967, avant d'être absorbée par le géant de l'équipement électrique Marelli, au début des années 1980. Weber-Marelli fournit encore aujourd'hui de nombreuses marques en systèmes d'injection.

ZUFFENHAUSEN
Localité de la banlieue nord de Stuttgart où se trouve l'usine principale de Porsche où sont fabriqués la plupart des modèles 6 et 8 cylindres. C'est là que sont construites les 911, Cayman et Boxster et tous les moteurs Porsche, hormis les diesel, d'origine Audi.

ANNEXES 5

NUMÉROS DE SÉRIE PAR ANNÉE-MODÈLE

Ces chiffres reproduisent un tableau fourni par les services de presse Porsche à la fin des années 1970. Ils correspondent aux années-modèles (du 1er juillet au 30 juin), mais ne donnent pas la répartition des moteurs par carrosseries. En outre sa lecture est perturbée par les données moteurs. En effet, les chiffres de production de la dernière colonne représentent le nombre d'exemplaires par type de carrosserie et non par type de moteur. De plus, le décompte des moteurs est souvent supérieur à celui des types de carrosseries, des moteurs étant prélevés pour les échanges standard ou des modèles spéciaux ou de compétition qui n'entrent pas dans le décompte des châssis. D'autre part, les totaux ne correspondent pas aux chiffres par année calendaire puisqu'il s'agit des modèles par année-modèle, ni aux chiffres donnés en fin de chapitre pour chaque modèle, car le tableau fourni à l'époque par le constructeur comporte quelques lacunes. Mais, en dehors des numéros de série eux-mêmes, il donne de précieuses indications sur le rythme de développement de la production. On y voit par exemple que la production total de 356 B est la plus élevée avec 27 246 exemplaires (en fait selon les derniers chiffres fournis par Porsche 31 122 exemplaires) en cinq années, mais que le pic de production sera atteint avec la 356 C en 1964 pour un total de 16 674 exemplaires (en seulement trois millésimes), alors qu'au plus fort de sa production, en 1960 et 1961, la 356 B culmine respectivement à 7 559 et 7 996 exemplaires.

NUMÉROS DE SÉRIE DU TYPE 356

Année	carrosserie	modèle		n° châssis	n° moteur	cyl	ch	ex
1950	coupé	1100	5001-5410	0101-0411	1086	40	410	
1951	cabriolet	1100	5132-5162	0412-0099	1086	40	31	
					10001-10137			190
	coupé	1100	10001-10170	1001-1099	1086	40	170	
	cabriolet	1300	10350-10432	20001-20821	1286	44	183	
		1500	10531-11125	30001-30137	1488	60	595	
Total								1169
1952	coupé	1100	1126-12084	10138-1151	1086	40	959	
		1300	50001-50098	20822-21297	1286	44	98	
	cabriolet	1500	10433-10469	30738-30750	1488	60	37	
		1500	12301-12387	30751-31025	1488	55	87	
		1500 S	15001-15116	40001-40117	1488	70	116	
Total								1297
1953	coupé	1100	50099-51645	10152-10161	1086	40	1547	
	cabriolet	1300	60001-60394	21298-21636	1286	44	394	
		1500			31026-32569	1488	55	
		1500 S			40118-40685	1488	70	
		1300 S			50001-50017	1290	60	
Total								1941
1954	coupé	1100	51646-53008	10162-10199	1086	40	1363	
	cabriolet	1300	60395-60722	21637-21780	1286	44	328	
	Speedster	1300 S	80001-80200	50018-50099	1290	60	200	
			1300 A		21781-21999	1290	44	
			1500		32570-33899	1488	55	
			1500 S		40686-40999	1488	70	
			1300		22001-22021	1290	44	
			1300 S		50101-		1290	60
			1500		33901-34119	1488	55	
			1500 S		41001-41048	1488	70	
Total								1891
1955	coupé	1300	53009-55000	20022-22245	1290	44	1992	
	cabriolet	1300 S	60723-61000	-50127	1290	60	278	
	Speedster	1500	80201-81900	34120-35790	1488	55	1700	
			1500 S		41049-41999	1488	70	
Total								3970

Total 356 : 6 298 ex

Numéros de série du type 356 A

Année	carrosserie	modèle	n° châssis	n° moteur	cyl	ch	ex
1955	coupé	1300	55001-55390	22246-22273	1290	44	390
	cabriolet	1300 S	61001-61069	50128-50135	1290	60	69
	Speedster	1600	81901-82000	60001-60608	1582	60	100
		1600 S	-	80001-80110	1582	75	
Total							559
1956	coupé	1300	55391-58311	22274-22471	1290	44	2921
	cabriolet	1300 S	61070-61499	50136-50155	1290	60	430
	Speedster	1600	82001-82850	60609-63926	1582	60	850
		1600 S	-	80111-80756	1582	75	-
Total							4201
1957	coupé	1300	58312-59090	22472-22999	1290	44	779
		1300 S	100001-101692	50156-50999	1290	60	1692
		1600	101693-102504	63927-66999	1582	60	812
	cabriolet	1600 S	61500-61700	80757-81199	1582	75	201
		1600	61701-61892	67001-68216	1582	60	192
		1600 S	150001-150149	81201-81521	1582	75	149
	Speedster			82851-83691			841
				83792-84366			575
Total							5241
1958	coupé	1600	102505-106174	68217-72468	1582	60	3670
	cabriolet	1600 S	150150-151531	81522-83145	1582	75	1382
	Speedster			84367-84922			556
	Conv D			85501-85886			386
Total							5994
1959	coupé	1600	106175-108917	72469-79999	1582	60	2743
	cabriolet	1600 S	151532-152475	83146-84770	1582	75	944
	Conv D			85887-86830			944
Total							4631

Total 356 A : 20 626 ex

Le (K) indique les coupés construits par Karmann en plus des Hardtop

Numéros de série du type 356 B

Année	carrosserie	modèle	n° châssis	n° moteur	cyl	ch	ex
1959	coupé	1600	108918-110237	600101-601500	1582	60	1320
	cabriolet	1600 S	152476-152943	84771-85550	1582	75	468
	Roadster			86831-87391			561
Total							2349
1960	coupé	1600	110238-114650	601501-604700	1582	60	4413
	cabriolet	1600 S	152944-154560	85551-88320	1582	70	1617
	Roadster	1600 S-90	87392-88920	800101-802000	1582	90	1529
Total							7559
1961	coupé	1600	114651-117476	604701-606799	1582	60	2826
	Hardtop	1600 S	200001-201048	88321-89999	1582	75	1048
	cabriolet		154561-155569	085001-085670	1582	75	1009
	coupé	1600 S-90	117601-118950	802001-803999	1582	90	1350
	Hardtop		201601-202200	-	1582	90	600
	cabriolet	1600	155601-156200	606801-607760	1582	60	600
	Roadster	1600 S	88921-89483	700001-701200	1582	75	563
		600 S-90	89601-89849	804001-804630	1582	90	-
Total							7996
1962	coupé	1600	118951-121099	607751-608900	1582	60	2149
	Hardtop	1600 S	202201-202299	701201-702800	1582	75	99
	coupé (K)	1600 S-90	210001-210899	804631-805600	1582	90	899
	cabriolet		156201-156999	-			799
	coupé	1600	121100-123042	608901-610000	1582	60	1943
	coupé (K)	1600 S	210900-212171	702801-705050	1582	75	1272
	cabriolet	1600 S-90	157000-157768	805601-806600	1582	90	769
Total							3984
1963	coupé	1600	123043-125239	610001-611000	1582	60	2197
	coupé (K)		212172-214400	0600501-0600600	1582	60	2229
	cabriolet		157769-158700	611001-611200	1582	60	932
	coupé	1600 S		705051706000	1582	75	-
	coupé (K)			0700501-0701200	1582	75	-
	cabriolet			706001-707200	1582	75	-
	coupé	1600 S-90	-	806601-807000	1582	90	-
	coupé (K)		-	0800501-0801000	1582	90	-
	cabriolet		-	807001-807400	1582	90	-
Total							5358

Total 356 B : 27 246 ex

Numéros de série du type 356 C

Année	carrosserie	modèle	n° châssis	n° moteur	cyl	ch	ex
1963	coupé	1600 C	126001-128104	710001-711870	1582	75	2104
	coupé (K)		215001-216738	730001-731102	1582	75	1738
	cabriolet	1600 SC	159001-159832	810001-811001	1582	95	832
				820001-820522	1582	95	
Total							4674
1964	coupé	1600 C	128105-131927	731103-733027	1582	75	3823
	coupé (K)		216739-221482	811002-813562	1582	75	4744
	cabriolet	1600 SC	159833-161577	820523-821701	1582	95	1745
Total							10312
1965	coupé	1600 C	131928-131930	716805-	1582	75	3
	coupé (K)		221483-222579	733028-	1582	75	1097
	cabriolet	1600 SC	161578-162165	813563-	1582	95	588
				821702-			
Total							1688

Total 356 C : 16 674

ANNEXES 6

NUANCIERS DES 356

1950-1952

Teintes de carrosserie standard coupé
Noir, ivoire, marron, gris métallisé, vert marais, vert radium, bleu Adria.

Teintes de carrosserie coupé spécial
Blanc pénicilline, rouge Pasha, rouge fraise, gris sable, gris mode, vert palmier, vert Rosede, beige sable, bleu azur, bleu persan.

Teintes des capotes et couvre-tonneau
Noir, gris, gris-bleu, gris-vert, brun, beige, beige rosé, bleu-gris, bleu foncé.

Teintes des garnitures et matériaux
Drap : gris, brun, beige, beige rosé, marron, vert, vert russe, vert olive, bleu.
Vinyl : gris, gris-vert, brun, beige clair, jaune terre, rouge, vert, bleu, bleu-gris.
Cuir : gris, dent de chien, brun, beige, beige clair, beige rosé, rouge, vert foncé, bleu.
Tapis : gris clair, beige, havane, havane foncé, vert, bleu.

1953

Teintes de carrosserie standard coupé
Noir, ivoire, rouge Pasha, gris mode, vert palmier, vert radium.

Teintes de carrosserie standard cabriolet
Noir, rouge Pasha, rouge fraise, gris sable, gris mode, vert palmier, bleu azur.

Teintes des capotes et couvre-tonneau
Noir, gris, fauve, brun foncé, bleu foncé.

Teintes des garnitures et matériaux
Drap : gris, fauve.
Vinyl : crème, gris havane, brun, vert foncé.
Cuir : noir, gris, brun, havane, vert foncé.
Tapis : gris, havane, brun, vert.

1954-1955

Teintes de carrosserie standard coupé
Noir, ivoire, rouge turc, terracotta, graphite métallisé, argent métallisé, gris perle, vert jade métallisé, bleu adria métallisé (1955), bleu azur.

Teintes de carrosserie standard cabriolet
Noir, rouge turc, terracotta, graphite métallisé, argent métallisé, gris perle, vert jade métallisé, bleu azur.

Teintes des capotes et couvre-tonneau
Noir, gris, gris-vert, gris-bleu, beige, beige rosé.

Teintes des garnitures et matériaux
Vinyl : rouge, jaune, vert, rouge vin (1955), bleu (1955).
Similicuir : rouge avec empiècement drap beige ou gris, gris avec empiècement drap gris, beige avec empiècement drap beige, jaune avec empiècement drap beige, vert avec empiècement drap beige, bleu avec empiècement drap gris.
Cuir : rouge, gris, beige, beige rosé, jaune terre, vert, bleu.

Tapis
Gris, vert, beige, brun, vert, bleu.

1955

Teinte de caisse standard Speedster
Blanc, rouge signal, bleu Speedster.

Teintes des capotes et couvre-tonneau Speedster
Noir, havane.

Teintes des garnitures et matériaux Speedster
Vinyl : noir, crème, rouge.

Tapis
Havane, brun, rouge.

1956

Teinte de caisse standard
Noir, rouge, Polyantha, beige Sahara, graphite métallisé, argent métallisé, vert lagon métallisé, bleu aquamarine métallisé.

Teintes spéciales
Banc glacier, orange, gris pierre, vert auratium.

Teintes des capotes et couvre-tonneau
Noir, beige.

Teintes des garnitures et matériaux
Vinyl : rouge, beige, vert.
Similicuir : gris avec empiècement drap beige, gris avec empiècement drap gris, beige avec empiècement drap beige, jaune avec empiècement drap beige, vert avec empiècement drap beige.
Cuir : rouge, gris, vert, beige.
Tapis : noir, gris, vert, beige, brun, vert.

1957-1959

Teinte de caisse standard
Noir, ivoire, rouge rubis, argent métallisé, vert fjord, bleu aquamarine métallisé.

Teintes spéciales
Banc glacier, orange, gris pierre, vert auratium.

Teintes des capotes et couvre-tonneau
Noir, beige.

Teintes des garnitures et matériaux
Vinyl : noir, rouge, beige, havane, vert.
Similicuir : beige avec empiècement drap beige, vert avec empiècement drap vert.
Cuir : rouge, brun, vert, beige.
Tapis : noir, gris, vert, beige, brun, vert.

1960-1961

Teinte de caisse standard
Ivoire, rouge rubis, argent métallisé, gris ardoise, gris héron, vert fjord, bleu Etna.

Teintes spéciales
Noir, rouge signal, jaune condor, bleu royal.

Teintes des capotes et couvre-tonneau
Noir, beige, gris.

Teintes des garnitures et matériaux
Vinyl : noir, rouge, gris foncé, gris clair.
Similicuir : noir avec empiècement drap souris, rouge avec empiècement drap brodeaux, gris clair avec empiècement drap pierre, gris foncé avec empiècement drap pierre, brun clair avec empiècement drap bouleau, bleu avec empiècement drap perle.
Cuir : noir, rouge, gris clair, gris foncé, bleu.
Tapis : noir, gris, beige.

1964-1965

Teinte de caisse standard
Ivoire, rouge rubis, rouge signal, gris ardoise, jaune champagne, vert Irlande, bleu ciel.

Teintes spéciales
Noir, gris dauphin, brun Togo, bleu Bali.

Teintes des capotes et couvre-tonneau
Noir, beige, gris.

Teintes des garnitures et matériaux
Vinyl : noir, rouge, gris, fauve, bleu.
Similicuir : noir avec empiècement drap gris, rouge avec empiècement drap rouge, gris avec empiècement drap gris, fauve avec empiècement drap fauve, vert clair avec empiècement drap vert, bleu avec empiècement drap gris.
Cuir : noir, rouge, gris, fauve, vert, bleu.
Tapis : noir, gris, beige, brun, vert, bleu.